Hablemos de ahorro, inversión, finanzas personales y más

Hablemos de ahorro, inversión, finanzas personales y más

Jean Ventura

Dedicatoria

El siguiente libro va dedicado a mi familia, por ser el motor que me inspira a cada día salir adelante, a mi madre Lourdes Maribel Medrano Montes, mi padre Juan Carlos Ventura Mejia y mis hermanos Emmanuel Alexander Ventura Medrano y Angel Joseph Ventura Medrano (QDDG).

Y un agradecimiento a aquellas personas que tuvieron la oportunidad de leer este manuscrito y me brindaron su ayuda en las correcciones, consejos y opiniones para mejorar el contenido que inicialmente salió de mi mente.

Contenido

Prólogo
Escrito por Wilson Alfaro

Las finanzas y todo lo que encierra ese término, siempre será un desafío y un tema difícil de manejar para casi todas las personas, tanto que la mayoría vive con serias dificultades financieras. Desde luego el punto clave en todo esto es el dinero y todas las formas de obtenerlo y administrarlo, de tal manera que obtengamos la solvencia financiera que tanto anhelamos. A pesar de todo, a nivel mundial seguirá existiendo un desequilibrio financiero que cada vez se sigue marcando, por el hecho de que el dinero atrae al dinero, es decir, las oportunidades de negocios y de potenciar las riquezas son casi exclusivas para las personas que ya tienen mucho dinero.

Las formas de gobierno, especialmente las del tercer mundo, siguen sin crear mecanismos que puedan sacar a la población de la miseria, para estos países soñar con estabilidad financiera es solo eso, un sueño.

Pero la salud financiera mundial es un tema que no podremos solventar y que está en manos de los gobiernos y de los organismos internacionales creados para ello, por tal razón, el autor, en el presente libro, se enfoca en dar consejos y casos prácticos referentes a las finanzas personales y cómo podemos hacerle frente a un problema que vivimos a diario. Manejar el equilibrio entre ingresos y egresos siempre será uno de los elementos básicos para buscar la estabilidad económica deseada, la disciplina financiera empieza teniendo claro que nunca debemos gastar más de los recursos que ingresamos, a partir de eso podemos crear estrategias que nos impulsen y nos ayuden a incrementar nuestros recursos financieros.

Introducción

Al lector, debe saber que la información escrita en el siguiente libro se basa en las experiencias propias y el conocimiento que he adquirido en mis estudios, lecturas y pláticas con diferentes personas que he encontrado a lo largo de mi corta vida. Así mismo es de importancia recalcar que la información va adaptada a la realidad de mi país de origen, Honduras, por lo que muchas cosas pueden variar para el lector dependiendo de donde el mismo lea dicho documento.

La intención de la siguiente escritura, es hablar de finanzas, tema que puede ser un tabú en muchos hogares de nuestro país, en su mayoría en familias de clase media baja, hasta personas en pobreza extrema donde el hablar de dinero, es prácticamente hablar de la falta del mismo y/o de deuda.

La idea es incentivar a hablar un poco más del dinero, del manejo del mismo, de diferentes maneras de poder verlo, como un medio para existir y no de la existencia misma. Es importante entonces mencionar unos datos importantes del país, para entrar en tema y comprender muchas cosas a lo largo de esta escritura.

Honduras es un país ubicado en el Centro de América, con limitaciones geográficas con los países de Guatemala, El Salvador, Nicaragua y salidas con el océano Atlántico y Pacifico. La moneda oficial del país es llamado Lempira (en honor a líder indígena que lucho en la era de la colonización contra los españoles, defendiendo sus tierras en la región llamada hoy Lempira, departamento al sur del país), a la fecha del inicio de este escrito, el cambio de Lempira por Dólar estadounidense es 1USD = L24.3358 (BCH, 2022). Según portales del Gobierno "En 2020, los principales productos de exportación agropecuaria en orden de importancia de divisas son: café banano, aceite de palma, camarones, legumbres y hortalizas (pepinos, pepinillos, okra, camote, tomate y berenjena)" (SDE, 2021), por lo que podemos ver que somos un país agropecuario, de materias primas y muy relacionados a la tierra. En su mayoría las importaciones del país son de combustibles fósiles y tecnología.

Acompáñeme entonces a hablar del dinero, en diferentes formas, esperando contar con su mente abierta para discusión, donde sé que al final ambos saldremos ganando de una u otra manera.

Capítulo 1
Hablemos de Finanzas Personales

El primer tema de interés que quisiera invitarle a hablar es sobre las finanzas personales, y lo invito a hacerse preguntas de las mismas, ¿Qué se le viene a la mente al escuchar esas dos palabras? Todos respiramos dicho tema en nuestro día a día y como no, si todos los días tenemos ingresos y gastos, por lo que respecta a mi entorno, mis conocidos más cercanos incluyéndome, son más los días de gastos que de ingresos. ¿Podemos decir que está mal? Sin duda, pero como expliqué desde el inicio de esta lectura, todo va amarrado a la cultura en el que vivimos y el círculo de amistades en cuales nos movemos, dado mi edad sé que ahorita mis más allegados están formando su capital, su imperio, su proyecto de vida que pasará de generación a generación, empezando por ellos como piedra angular de la dinastía de sus familias, pero mientras la gloria y la eternidad se abren para nosotros, seguimos escarbando el agujero donde pondremos dichas bases y es por ello que dada las circunstancias tenemos más gastos que ingresos, por los momentos no tenemos ingresos pasivos (dinero que ingresa a nuestros bolsillos sin tener que hacer un trabajo activo para obtenerlo) que nos haga vanagloriarnos y crear aquel futuro que queremos formar para nosotros y nuestras familias. En cambio veo a aquellos ya nacidos en dichas dinastías, personas que día a día reciben sus ingresos pasivos y sus gastos es apenas una minúscula parte de aquello que ingresa a sus arcas, sus antepasados trabajaron para que ellos ahora disfruten como espero algún día los míos igual lo hagan. Dado entonces la circunstancia en las que mi círculo se encuentra, solo nos queda por los momentos seguirnos nutriendo en temas relacionado con el dinero y el manejo del mismo.

He notado en el transcurso de mi vida que nos encontramos en una sociedad en la que no se habla del dinero con naturaleza, nos cerramos en el tema y tocarlo es un tabú, claro está que nadie al momento de estarnos tomando unas Salva Vidas (Cerveza Nacional), empieza a hablar sobre el último libro de economía el cual leyó o incluso de algún seminario recibido y es que no tenemos la cultura de hacerlo.

¿Por qué es entonces un tabú hablar de dinero? Probablemente es porque en raras ocasiones tenemos dinero, y es claro que hablo del dinero libre, aquel que queda una vez pagamos todas nuestras obligaciones. Cuando empiezo a recordar mi niñez y adolescencia en casa y los temas relacionados al dinero, solo se me viene a la mente la palabra *Deuda*; claro, es probable que al recordar su niñez sea lo que más recuerde, más de alguna deuda y obligación que su familia tuviese, ya sea con algun banco, cooperativa o financiera, e incluso para algunos con usureros prestamistas, en cuanto al país que vivimos el dinero es mucha veces el detonador de peleas, insultos, traumas e incluso muerte. Recién al estar escribiendo estas palabras viene a mi mente la muerte de hace más o menos dos semanas de un sacerdote en el norte del país, días más tarde atraparon sus asesinos, la causa del porque lo asesinaron fue por robar L20,000, un valor menos a unos $900. El país vive sumergido en una pobreza extrema, la falta de trabajo hace que la delincuencia se incremente, pero incluso con algo de dinero, la gente pobre lo mal gasta en compra superfluas, refrescos de cola, lotería, cigarros y otros gastos que hace que no salgan de la situación en la que estamos. Hablar de dinero con los niños es importante, dado que desde pequeños nuestros cerebros van viendo la importancia que tiene la misma para subsistir y a su vez se puede educar al niño a cómo manejarlo de una buena manera, algo que a mi generación en su mayoría no se nos fue educado correctamente, esto debido que al ver a mis contemporáneos, podría decir que conozco a menos de 5 personas que viven con los recursos necesarios para vivir de una manera cómoda como ellos quisieran. A aquellos que viven de manera independiente se les dificulta tener una casa, un automóvil o incluso una vivienda de alquiler lo suficientemente grande como ellos quisieran.

Hablando con algunos, al igual que a mí, no se nos fue educados de manera financiera, claro a sus padres tampoco lo hicieron por lo que es difícil suponer que ellos lo harían, pero nos dejaron una herencia como lo es la educación y es que aunque los padres de ellos no fueron a la universidad, algunos ni siquiera la conocen más que en fotografías, todos tenemos y tuvimos la oportunidad de cursas y aprender, llegar a aprender la importancia que tiene la educación financiera, por ende es más fácil y es necesario que nosotros transmitamos la información que sabemos, aunque sea poca a nuestra futuras generaciones.

Debemos de utilizar sabiamente nuestro dinero para después no padecer de la enfermedad que día a día aterra a muchas personas llamada "Falta de Dinero", un mal que arropa a la mayoría de la población mundial y casi el 100% en países como Honduras, pero le pregunto, ¿Qué hacemos para evitar dicha situación? Normalmente nada, estamos tan acostumbrados a gastar el dinero que lo practicamos como si fuese un deporte con el futbol, solo aumentando y agravando la enfermedad antes mencionada. Existen pequeños gastos hormigas (lo abordaremos luego) que hacen que perdamos dinero inconscientemente y luego existe una especie de hormiga la cual llamamos Zompopo que es más grande que las hormigas normales y más visibles a la vista y las cuales existen gastos de esos tamaños los cuales nos gusta alimentar y que he observado que la gente a mi alrededor les gusta utilizar. Existen dos gastos zompopos muy importantes, las apuestas y la lotería.

Hace un tiempo atrás realice un pequeño experimento de observación, existe en el país dos loterías, aquella publica que juega cada domingo y una privada que transmite sus juegos 3 veces al día, en 5 diferentes presentaciones de juegos, la más barata tiene un costo de L5 y lo hacen ganar L300 si atina al número, este del 00 al 99, una conocida cercana compraba todos los días en los tres tiempo L10, es decir L30 al día, los 7 días gastaba un total de L210 a la semana y L840 al mes, muchas veces no ganaba nada y otras una vez al mes y por mucho 2 veces, que la ayudaban a amortiguar el golpe pero siempre terminaba perdiendo. Le comente mis hallazgos diciéndole que ganaría más sino compra, al estar esperanzada que ganará, pero su cara mostraba alguna molestia, y entonces corte el tema. Este mal agrupa una gran parte de la población, estas empresas juegan con la esperanzas de las personas de ganar miles de Lempiras al día, con una mínima "inversión", pero al final la gente conscientemente saca el dinero y se los da, quemando de esa manera el efectivo como si este fuese pólvora.

Estaba un día sentado con un amigo viendo un partido de la última jornada de la liga italiana de futbol, estaba yo tranquilamente tomando de mi refresco y veía a mi amigo desesperado, ansioso, no podía mantenerse en el puesto, el equipo local perdía por dos goles y faltaban un poco más de 30 minutos para que terminara el compromiso,

"¿Qué te sucede?", le consulté, "le aposte L1,000, a que el equipo local ganaba el encuentro", me comento, me quedé asombrado, era primera vez que lo escuchaba hablar de apuestas, está de más decir que perdió el monto apostado y luego anduvo de mal humor por un largo periodo de tiempo. Como sucedió con mi amigo, muchas personas hacen constante apuestas en eventos deportivos, llevados por la poca cultura financiera que tienen, creen que es una manera rápida de conseguir dinero, pero esto se vuelve una adicción, sacan a conciencia el zompopo del dinero y ven como el dinero marcha hacia otros bolsillos que no son de ellos. No hay que desperdiciar el dinero en apuestas y más cuando las estadísticas muchas veces no juegan en nuestro favor.

Estos dos gastos zompopos a diferencia de los gastos hormigas, duelen más, porque vemos el dinero marcharse, nosotros los hacemos que se vayan libremente y por eso la mordida duele, tenemos que tener cuidado en estos gastos, para cortar con la enfermedad "Falta de dinero" que manejamos como si fuera un cáncer en nuestro cuerpo.

Les pregunté a varias a personas, como lo hice con usted al inicio de este escrito, ¿Qué se les venía a la mente al escuchar las palabras Finanzas Personales?, saltaron claro algunas respuestas de varias personas, muchas con denominadores comunes, dinero, gastos, ingresos, control, entre otros, pero había una palabra clave que buscaba, algo que resalta y que tomaré como base para el tema que estamos tratando, espero que usted que lee esto, ya tenga desde el inicio cual sería dicha palabra, sino se la digo: Presupuesto.

Capítulo 2
Hablemos de Presupuestos

Es probable que si no ha pensado en la palabra presupuesto, cuando le pregunté sobre Finanzas Personales al inicio, al leer ahora dicha palabra es que seguro que algún foquito encendió en su cerebro; también es muy probable que es solo una palabra más, que tal vez no la ha escuchado con anterioridad o vagamente haya escuchado dicha palabra y no tenga el conocimiento de la misma. Para aquellos que no sepan que significa dejaré el significado o al menos uno que brinda la Real Academia Española "Cantidad de dinero calculado para hacer frente a los gastos generales de la vida cotidiana, de un viaje, etc. (RAE, Real Academia Española, 2022)".

Ya tenemos entonces en mente lo que significa presupuesto, pero para que todos comprendamos de una manera popular, es el dinero que entrará a nuestro bolsillo y la cantidad de dinero que saldrá de nuestro bolsillo, así de sencillo. Ahora, ¿es una práctica común? En empresas y ciertas personas lo es, pero en su mayoría no es algo de lo que estemos acostumbrados a realizar, ya sea por cultura, porque nunca se nos fue inculcado, pereza y cualquier otro factor que hacen que el presupuesto solo sea una palabra más sin sentido que vive en nuestra mente para abarcar espacio.

Ahora les pregunto, ¿Conocen a alguien que haga su presupuesto personal? No importa si es familiar, amigo o un conocido, probablemente la respuesta sea no, y sin duda no hay problema con ello ya que como he dicho con anterioridad, no es una práctica común realizada en nuestra sociedad, pero siempre es un buen momento para iniciarlo. Recuerdo que hace unos años atrás, solía salir con una mujer muy organizada y que tenía un presupuesto muy detallado de todo su año, que iba constantemente actualizado, está de más decir que supe de la existencia de dicho presupuesto al inicio del cortejo, por lo que verlo me hizo interesarme más en ella, no fue algo que discutimos a detalle, pero tuve una mirada algo rápido a dicho Excel que manejaba y era sorprendente, como muchas mentiras que me digo a mi mismo pensé "mañana mismo empiezo el mío", claramente no lo hice, pero esa imagen perdura en mi mente hasta hoy día. Ella es sin duda la única persona que podría decir que conozco o he conocido que maneja un presupuesto de esa manera, yo intento hacerlo hoy en día, pero siempre hay algo que escapa de mi mente al estar haciéndolo, que, cuando llega el momento de ejecutarlo, no sale a cabalidad. Ahora usted pensará, "si no le sale su presupuesto, que voy aprender al seguir leyendo", bueno la duda es válida, pero tengo una respuesta sencilla, quédese y lo verá, porque, como el mismo título lo recalca, hablaremos de finanzas personales y entre otros temas, hablaremos ahora de presupuestos.

Ahora ya que no es una práctica común el realizar presupuestos, la idea es que a medida vayamos conversando de los mismos, la inquietud entre a nuestra mente, que digamos "vamos a intentar hacerlo", no estamos hablando de ciencia de cohetes, o de moléculas o cosas que para nosotros pueden resultar complejas, nada más es anotar ingresos y salidas de dinero, entonces pensará, "si es algo tan sencillo ¿por qué no se realiza día a día por todo el mundo?", la respuesta puede ser tiempo, constancia, rutina, tantas cosas que las respuestas varían y a veces ni existe una respuesta como tal, solo no lo realizamos y ya.

A medida vayamos discutiendo el tema, les daré unas cuantas recomendaciones que puede realizar, claro, si están interesados en empezar a realizar sus presupuestos, incluso lo pueden utilizar como pequeñas actividades para ir desarrollando dicha disciplina, al final es de siempre recordar aquella frase "Roma no se construyó en un día", por lo que ir haciéndolo poco a poco logrará que un día tengamos un presupuesto que podamos presumir sin problemas ante la gente.

Lo primero que debemos de considerar en cuanto a los presupuestos, es no culparnos por gastar de más, ¿Cómo es eso, acaso no está mal gastar de más? Y claro, si leen muchos libros de finanzas, los enviarán al infierno financiero por tantos gastos que realizamos, pero hay que hablar claro, desde que se creó el dinero, el humano de una u otra manera busca una manera de deshacernos del mismo, para muchos solo se nos inculca ese mal hábito de gastar y por eso normalmente la palabra deuda, la tenemos tatuada muy adentro de nosotros, por lo que el primer paso es reconocer que gastamos de más y no está mal. Ahora evacuando ese punto, viene lo siguiente, ya desde ahora que empezaremos a realizar nuestro presupuesto, si sintámonos culpables por gastar de más, ver ahora su cara de confusión es imposible, pero al ir escribiendo voy imaginándolo y es que, desde ahora que empezaremos a realizar nuestros presupuestos si estaremos más conscientes de nuestras prioridades, metas y el estar gastando en cosas que no son necesarias si nos llevaran al infierno financiero, al final en estos momentos pecamos por ignorancia, luego ya no tendremos excusas.

Ahora ya dejando superado el párrafo anterior, conversemos sobre presupuestos, lo primero que debemos preguntar y darnos una respuesta, es ¿Para qué hacer un presupuesto? ¿Para qué lo necesitamos? Las respuestas varían de persona en persona, en mi caso es para llevar un mejor orden de mis finanzas personales, del dinero que entra y sale de mis bolsillos. Muchas personas que me he encontrado en el camino de la vida, siempre me dicen lo difícil que es el ahorro para ellos, una práctica que tienen interés en realizar pero que nunca pueden hacerlo, "las jaranas(deudas en manera coloquial) me tienen hasta el cuello", "es que no puedo salir de las deudas" y otras frases son el pan de cada día de muchas personas, más de alguno se habrá sentido identificado con las frases ya sea porque han dicho esas mismas palabras, las han escuchado u otras similares, pero que al final cumplen el mismo objetivo para transmitir el mensaje. Por lo que debemos definir claramente una meta, un propósito para el que realizaremos un presupuesto personal, ya que al tener claro lo que queremos alcanzar, será más fácil formar el camino financiero que debemos pavimentar.

Escuchando un *podcast* (programa en audio sobre temas variados), hace unos cuantos meses atrás, uno de los invitados dijo una frase que perdura conmigo y la cual tomé como propia para muchas situaciones, durante la entrevista mencionó que realizó la compra de algo grande, un monto que dije para mí mismo "wow, ¿tanto?", claramente los entrevistadores quedaron igual que yo, entonces él dijo "No es lo que gastes, es lo que ingreses", lo cual, al igual que ellos, me dejó muy pensativo y es que es importante evaluar los gastos en relación al ingreso que tengamos, cosa que muchas veces en mi vida hice de mala manera, dejándome un déficit que hizo que empezara a acumular deudas como si fueran objetos de colección.

Debido a que el presupuesto se divide en tres partes, dos de ellas siendo los ingresos y la tercera los gastos, es importante definir la parte más difícil, que son los gastos, esos que día a día, se van acumulando cual si fuera cruz en nuestras espaldas y es esa cruz la que debemos definir bien, ya que en ella tendremos que saber diferenciar la madera y clavos que son necesario y cuáles no, para hacer esa cruz más liviana. Ahora le pregunto, ¿tiene bien definido como gasta su dinero? Probablemente lo primero que se nos vengan son aquellos deudas grandes y fijas que tenemos, renta, préstamos, comida, combustible, internet, entre otros, pero si sumamos las mismas veremos que hay un dinero que siempre sobra en papel, pero no en la realidad, muchas veces consumidos por gastos hormigas. ¿Qué es eso de gastos hormigas? La pregunta se vienen a muchos, tal vez otros ya los tiene definidos y son aquellas pequeñas salidas de dinero, que siendo pequeñas como las hormigas, poco a poco salen de nuestro bolsillo desapercibidas y que luego nos asustamos por la gran colmena que ellos arman, siendo la reina el poco control que manejamos sobre nuestro dinero, claro, nadie dice que un gusto de vez en cuando este mal, al final el dinero es para utilizarlo de la manera que mejor nos parezca, pero como hemos venido conversando, muchos de esos "gustitos" es lo que nos ha llevado a pecar de ignorantes en el pasado, pero ahora ya tenemos definido una meta para alcanzar y la ignorancia ya no se nos es permitida.

Debido a que tenemos que ser muy detallados en como utilizaremos nuestro dinero para realizar nuestro presupuesto, podemos empezar definiendo desde ahorita mismo todos nuestros gastos o darnos nuestro tiempo para conocer los mismos. Existen muchas maneras, que nos dice la literatura que definamos nuestros gastos y en muchos libros dicen que debe ser el 70% de nuestros ingresos o el 50% o aquí o allá, tantas formas que en papeles hace sentido, pero que en la realidad no funciona de esa manera, claro la mayoría están escritos y pensados en personas que viven en el primer mundo, allá donde el poder adquisitivo de una persona es más alto que para nosotros que vivimos en el tercer mundo, pero debido a eso, nosotros encontraremos nuestra propia formula, entonces para eso debemos conocer cómo sale nuestro dinero, para eso vamos a realizar una pequeña dinámica la cual lo invito a realizar, desde este momento que lee estas palabras tome su celular, una libreta o donde se sienta más cómodo escribiendo y cada día escriba en que gasta su dinero, ya sea en una bolsa con agua, un dulce, refresco, transporte público, una hamburguesa, no importa cuál sea la salida de dinero, pero hasta el final de mes, escribiremos todos nuestros gastos.

Una vez hayamos descubierto todos nuestros gastos, ya sea en nuestro computador, celular o en una página en blanco de un cuaderno, vamos a clasificar los mismos desde los más hasta los menos importantes y aquí es donde debemos a conciencia definir cuál es la clasificación de los mismos, los verdaderamente importante, ya que muchas veces cometemos el error de definir como importante el café y pan de todas las tarde, sin darnos cuenta que es probable que los mismo nos saquen hasta L40 diarios de nuestros bolsillos y si lo llevamos a una semana de trabajo de 5 días, esto nos hace L200 a la semana y L800 al mes o L9,600 en un año, es probable que ahorita viendo esa cantidad de dinero diga ¡Imposible! ¿Cómo puede un simple pan con café causar tanto gasto? Bueno, son los gastos hormigas que hablamos anteriormente y así como ese, se podrá encontrar muchos si revisamos puntualmente los gastos reales que tuvimos en el mes y los cuales detallamos cuidadosamente en nuestros apuntes. Sin duda la renta es importante, la comida de igual manera, pero la misma tiene que ver con cuidado, esto debido a que muchas veces nos excedemos en la compra de esta, es importante que al momento de realizar nuestras compras tengamos antes de ir una lista detallada de lo que realmente necesitamos, debido a que al no tenerlo, una vez estando en el supermercado, bodega o mercado, empezamos a adquirir otros productos los cuales al momento de pagar hacen que nuestra cuenta sea más grande. Hay muchos lugares donde comprar comida, en mi opinión y por experiencia hay ciertos artículos que sale cómodos comprarlos en supermercados, pero las verduras, frutas y otros productos sale más económico ir a un mercado local, donde el agricultor lleva sus productos frescos y de calidad, que sin duda nos sirve para ahorrarnos en cada compra una buena cantidad de dinero.

"¿Qué tal muera mañana? Mejor disfrutar ese antojito hoy" y así se va yendo el dinero poco a poco de nuestros bolsillos, solo para descubrir que esa mañana que podríamos estar muertos aun no llega y nos quedamos sin cumplir nuestras metas propuestas. Dado que ya hablamos anteriormente de los gastos hormigas y todos los tenemos detallados en nuestra lista de gastos, en orden de importancia, vamos a sumar todos nuestros gastos, veremos cuantos hemos gastado en un mes. Normalmente he observado que como humanos nuestros gastos mes a mes son similar, a diferencia de meses donde incluyan el cumpleaños de alguien cercano, inicio de clases o feriados, nuestros gastos se mantienen, los humanos somos seres de costumbre y por ello al tener ya nuestros gastos plenamente identificado, se nos hace más fácil ver todo el panorama para diseñar de manera adecuada nuestro presupuesto.

Ahora estamos de frente a aquella lista de gastos, todas las líneas frente a nosotros son una salida de dinero que realizamos de manera consciente, al final nadie está dormido y se despierta con la sorpresa, que salió a media noche a comprar un refresco y unas golosinas de L120; viendo entonces ahora aquella suma del gasto, es momento de introducir la segunda variable, aquella que es el opuesto a la salida y lo que viendo siendo nuestros ingresos.

En la mayoría de los casos, un salario es la única fuente de ingreso que manejamos, en mi círculo de amistades, a diferencia de una persona emprendedora, todos los demás tenemos salarios, si usted se pone a pensar en 10 personas cercanas a usted, es probable que logre identificar otras fuentes de ingresos que manejan dichas personas: Rentas, intereses, remesas y emprendimiento; pero probablemente note que en su mayoría el salario es la fuente de ingreso más repetida en cada uno de ellos.

Una vez colocamos junto a nuestra suma de gastos, el ingreso; para obtener nuestra tercera e importante variable de la cual partiremos para trazar nuestra ruta hacia nuestro objetivo, procederemos a restar de nuestro ingresos la suma de los gastos y eso nos dará dos resultados posibles un monto en negativo, es decir nos falta dinero para cubrir nuestros gastos o un exceso de dinero, entonces nos dice que nuestros ingresos cubren nuestros gastos.

Si obtenemos un exceso de dinero luego de los gastos, entonces vamos por un buen camino, ahora la pregunta en este caso es ¿Qué hacemos con dicho excedente? ¿Lo ahorramos? ¿Lo invertimos? (hablaremos de ello luego) si lo que hacemos es gastarlo, entonces tenemos que dejar de hacerlo, ahora tomaremos la meta que tenemos, si por ejemplo es la compra de un vehículo, la prima de una casa o tener cierta cantidad ahorrada para una futura inversión, tomaremos el monto de dicha meta digamos por ejemplo L150,000 y lo dividiremos entre el monto que tenemos de más al final de mes, por ejemplo unos L1,500, al realizar dicha operación matemática, nos da un valor de 100 meses, es decir que con 8 años, es probable que ahora usted arrugue su cara y diga ¡Tantos meses! Y es entonces donde ahora lo invito a poner dos metas a corto plazo para que esos 8 años se reduzcan, lo primero es revisar sus gastos, no solo por que tengamos un excedente signifique que este sea suficiente, una simple operación matemáticas nos mostró que no lo es, entonces la primera meta es ver sus gastos, siéntese y vea toda aquella lista nuevamente y reduzca esos gastos de más, si no puede de golpe, entonces paulatinamente vaya reduciéndolos, que aquel café de todas las tardes, ahora solo sean de 3 tardes nada más y así mes a mes, vaya reduciendo los días o en vez de comprarlo, podemos hacerlo, de esa manera reducimos el gasto, pero aun disfrutamos el producto. Cuando pensemos en reducción no significa cortar de raíz, lo cual sería muy ideal, pero también sé que es difícil iniciar algo nuevo de un solo golpe, todo depende de nuestra fuerza de voluntad y que tanto queramos alcanzar nuestros objetivos trazados. Ya habiendo analizado nuestros gastos, visto donde podemos reducir esas salidas de dinero, la segunda meta que debemos establecer es como incrementar nuestros ingresos y mientras pensamos en las diferentes opciones, le recomiendo que siga leyendo, más adelante abordaremos dicho tema. La idea principal es llegar al monto de meta establecido en el menor tiempo que podamos para así poder disfrutar del producto de dicha meta.

¿Qué pasa entonces si me falta dinero para cubrir mis gastos? Ese es el mayor problema que pasamos la mayoría y es entonces cuando recurrimos al mal uso de los préstamos, que al utilizarlos de manera incorrecta, viene a incrementar nuestro gastos, un préstamo aquí, otro por allá y aquella larga lista de gastos que teníamos va incrementando. Es probable, que al inicio usted haya planteado como meta reducir sus gastos, y aunque hemos venido hablando en el párrafo anterior sobre el mismo, el escenario que hablamos en dicho párrafo es diferente al que tenemos acá, en este momento queremos que al menos nuestros gastos sean iguales a nuestros ingresos para mantener un equilibrio, entonces toca analizar mejor.

Debemos de ver nuestros gastos más detallados, hay gastos como Netflix, Spotify y servicios de paga que sin duda, solo son gastos; "pero es que me entretiene" "solo así me distraigo" y muchas otras excusas que utilizamos para "justificar" este tipo de gastos que nos deja sin el dinero necesario para cubrir otras necesidad primordiales que tenemos. Luego existen los créditos, es probable que en estos momentos usted, al igual que su servidor tenga uno, dos y hasta tres créditos en efectivo, tal vez mucho de los mismos con tasa de crédito alta, que sin duda en el tiempo de emergencia (al corto plazo) sirvió mucho, pero al largo plazo, solo sirve para encajar una argolla en la gran cadena que tenemos en el cuello, un clavo más en la cruz financiera que cargamos. En cuanto a créditos, se puede buscar la alternativa de consolidar todos en uno solo, así de esa manera solo tenemos una cuota y podemos buscar una institución donde cuenten con tasa de interés baja. Existen entonces instituciones en el país como las cooperativas, las cuales brindan a sus aportantes tasas bajas, que, tanto al corto como al largo plazo pueden ser beneficiosas para disminuir esa parte del gasto.

Como he mencionado anteriormente, los gastos varían de persona a persona, es probable que usted, tenga a su vez hijos y los mismos consuman la gran parte de sus ingresos, hay muchas cosas que se pueden hacer en ahorro para disminuir los gastos, si tenemos hijos bebe podemos ir enfocándonos en algunas cosas como ser pañales y formula, claro que en esta parte lo más ideal sería solo darle leche materna, la cual no solo es lo mejor para los bebes, pero también una manera de ahorrarnos un gran gasto al no comprar la fórmula para los niños (sabemos que existen casos que medicamente los niños deben tomar formula por lo que en dicho escenarios solo se considera aquellos que no hay problema médico para beber leche materna), pero la decisión final está en la mujer ya que es ella la que amamanta a los niños, pero el hablarlo en pareja es la mejor opción para ahorrarnos dicho gasto, luego están los pañales y esta es una de las cosas que más se gasta y es que en la sociedad día a día compramos más pañales desechables que utilizar aquellas de tela como hacían nuestros padres o abuelos y que tenían que lavar, pero se ahorraban en esos gastos, así también existen muchos pañales reutilizables que se pueden usar, todo está en poner un trabajo extra al lavarlos, pero cuando hacemos cuenta en el ahorro que tendríamos sin duda que la pensarán dos veces. Los juguetes, también son algo muy caro, vaya sorpresa me llevé al recorrer los pasillos de una tienda, donde, un juguete valía casi los L1,000, quedé con la boca abierta por el alto costo que tenía aquella figura de plástico, que tiene un valor alto no por el material o la mano de obra que es sin duda muy barato, pero por ser de "marca", lo más irónico es que los niños acumulan este montón de juguetes que si se suma es una fortuna y al final del día se entretienen más jugando con un palo o una caja vacía, por lo que comprar muchos juguetes no es una buena manera de gastar el dinero. En mi opinión, tampoco comprar mucha ropa y más en tiempo de 1 a 2 años es tan recomendable, para los niños, con el crecimiento constante que tienen es probable que compren hoy diez camisas y pantalones y en dos meses tengan que comprar nuevamente.

La vestimenta como gasto, ese que a veces pasa desapercibido, pero que esta notable, una camisa, un pantalón, zapatos y otro más, cada una no vale L1.00 sino que está arriba de los L100.00 y que a veces, solo por ser de "marca" pagamos cantidad estratosféricas por otras, que podríamos encontrar a un precio más bajo y con mejor calidad que las famosas "marcas". Si hoy en día hago memoria, me es difícil recordar la última vez que compre algo de vestimenta para mí, pero conozco gente que cada mes tiene algo nuevo, ya sea algo como una camisa o un par de zapatos y si es mujer, algún accesorio, pero ¿era indispensable comprarlo? Claro que no, las personas que conozco no necesitaban comprarlo y al consultarle porque lo hizo, normalmente me dice "estaba bonito", "es que me gusto", "para eso trabajo", pero a su vez los escucho quejarse muchas veces que no les ajusta el dinero, no pueden comprarse tal electrodoméstico necesario o incluso que es imposible comprar una casa hoy en día, y si aunque los valores de ciertas cosas han aumentado, no podemos dejar de hacer esas compras, si en este momento usted va a su armario y saca la ropa que más utiliza, va poder observar que existe vestimenta en su armario que no recordaba que la tenía, que la utilizó una o dos veces y ya la desechó, tenemos una colección de 50 pares de zapatos y solo usamos por mucho 3, y utilizando el tercer par allá una vez al año. Claro que mucha gente, en especial las mujeres que he podido observar son la mayoría, reciben mucha presión social y el entorno en el que viven, por la vestimenta, en especial de otras mujeres, normalmente hemos escuchado frases como "es que ese vestido lo usé la fiesta pasada o hace tres fiestas", "no puedo salir en la foto con la misma ropa" y muchas otras frases que me hacen preguntarme ¿si saben que la ropa es reutilizable? Entonces compran una exageración de vestimenta y accesorios, que solo hace incrementar sus gastos. Le propongo entonces la siguiente actividad, vaya a su armario, clasifique la ropa que ha venido usando las últimas dos semanas, el mes completo si así prefiere y saque del mismo, colocándolo en una caja, todo aquel que no utilice, desde shorts, camisas, pantalones, zapatos, entre otros y luego clasifique el estado de los mismos si están en buen estado puede hacer tres cosas, donarlos a aquellos que necesitan, regalarlo a un amigo que tal vez pueda utilizarlo o incluso venderlos, hoy en día la compra de ropa usada es muy popular y además con ello obtendría un ingreso extra que no esperaba.

Una vez definido y analizado nuestros gastos, podemos ver que hay muchos que deben existir sí o sí, siempre tenemos que comer, tener un techo sobre nuestra cabeza, transportarnos y vestir, claro ahora sabemos que debemos de gastar en cada una de estas categorías con una mente más financiera, recuerden que tenemos una meta que alcanzar, tenemos que mantenerlo sino mejorarla, y sobre todo no desviarnos de la meta, a veces lo difícil es seguir el plan, pero si queremos disfrutar los frutos debemos de cosechar de la manera correcta.

Revisado ahora la parte de los gastos en nuestro presupuesto, hay una línea la cual tenemos que trabajar arduamente más que reducir nuestros gastos y es la de los ingresos, hay que recordar que "No es lo que gastes, es lo que ingreses", pero y entonces se nos vienen más cosas a la cabeza "mi jefe no me aumenta mi sueldo", "no hay más trabajo", "¿Cómo aumento los ingresos?" y así muchas otras preguntas y dudas que quedan, como decimos en Honduras "No coman ansias", vamos a abordar este punto tan importante en las siguientes dos secciones donde hablaremos de ahorro e inversión.

Capítulo 3
Hablemos de Ahorro

Recuerdo mucho que en mi infancia, adolescencia y mi adultez joven, que mi mamá me mencionaba el ahorro, claro no era algo que practicaba o que de niño tenía alguna cuenta de ahorro en alguna institución financiera, la mayor parte del tiempo, el presupuesto ajustado no daba la opción de tener una línea llamada "Ahorro" o similar, pero si me lo dijo en múltiples ocasiones, decía también "Tengo algo ahorrado para terminar de pagar X deuda si es necesario o sino se paga algo más".

Pero entonces ¿Qué es el ahorro?, claro para poder seguir hablando del mismo todos debemos de estar en la misma página, por lo que la Real Academia Española nos dice en uno de sus significados que el ahorrar es "Dinero ahorrado o guardado para un uso futuro (RAE, Real Academia Española, 2022)". Ya ahora que estamos todos en tono, pregúntese ¿Le hablaron de ahorrar en su infancia?, ¿ahorraba siendo niños?, ¿ahorra ya de adulto?, ¿Con que fin ahorra?, preguntas básicas que nos llevan a grandes resultados, como ya vimos en la definición el fin de ahorrar es el uso del mismo en un tiempo futuro, pero ¿le damos buen uso a ese dinero posteriormente?

En mi círculo más cercano, el ahorro es una práctica que se ha venido aumentando, muchos no tuvieron una educación financiera en su infancia o incluso en su adolescencia, por lo que la práctica es algo que se ha venido adquiriendo en la adultez, cuando ya la adultez lo golpea a uno, el ahorro debe ser parte de nuestra rutina y comportamiento sí o sí.

¿Cómo hago para ahorrar? Lo primero que debemos hacer es definir nuestro presupuesto como hablamos en el capítulo anterior, teniendo un presupuesto bien estructurado podemos definir el porcentaje de ahorro que creamos conveniente. Al igual que en el capítulo anterior, lo invito a hacerse una meta, para eso hay que hacerse la pregunta ¿para qué voy ahorrar? Con una meta establecida, el panorama es más claro, ya sea el vehículo que necesita, pagar las deudas de un solo tiro, unas vacaciones o la prima de una casa, entre otras opciones, el ahorro tiene que tener un fin, al final sino solo seríamos acumuladores de papel.

Existe la creencia popular que uno va hacerse millonario solo ahorrando, cuando esto no sucede de esta manera, tenemos que aprender valores básicos de mucha importancia que muchos desconocemos, pero como mencionamos anteriormente nos quitaremos la ignorancia que tenemos sobre las finanzas, y es por lo mismo que debemos conocer el valor del dinero en el tiempo. Entonces ¿Qué es el valor del dinero en el tiempo? Para contestar eso tenemos la siguiente definición "La expresión Valor del dinero en el tiempo significa que el dinero actual, este dado en dólares, pesos, libras o euros, vale más o tienen un valor mayor que el que se recibirá en una fecha futura (Salazar López, 2017)", pero para que todos entendamos de una forma más sencillas, quiere decir que L1,000 hoy no valen lo mismo que L1,000 mañana o dentro de un mes o dentro de un año, normalmente dado a muchos factores como ser el más relevante la inflación, este tiende a valer menos a medida pasa el tiempo, y es por eso que el ahorrar a la larga, solo hace que tengamos más bien menos dinero que con el que empezamos. Probablemente al leer la última oración, le vengan otras preguntas, porque si entonces el dinero va valer menos "¿Para qué ahorro?" O también se le venga a la mente, que va ganar los famosos intereses por tener su dinero ahorrado, y aunque efectivamente recibirá estos intereses, los mismos tienden a ser menor que la inflación anual que tiene la economía, por lo que aunque gane L100 de intereses, la tasa de intereses que le brindan las instituciones bancarias siempre serán menores a la inflación, por ejemplo, tomando como base el año 2021, la inflación de Honduras fue del 5.32% y la tasa de ahorro más alta en una institución financiera hondureña reconocida fue del 4.07%, ahora como ponemos esto en forma sencilla y más ilustrativa, mediante el cuadro siguiente.

Conceptos	Inflación	Ahorro
Monto	L1,000.00	
Tasa	-5.32%	4.07%
Monto	-L 53.20	L 40.70
Perdida	-L12.50	

Como podemos ver en el cuadro, si al inicio del año ahorramos L1,000 al final del año por la tasa de ahorro ofrecida por el banco, habremos ganado L40.70, pero a su vez, dada la inflación, perderíamos por esos mismo L1,000 la cantidad de L53.20, por lo que aunque hayamos ahorrado, perdimos en esa transacción L12.50, esto es el concepto valor del dinero en el tiempo.

Ahora, no nos desanimemos, en este momento usted ha de pensar que entonces por mucho que ahorre, de nada servirá si al final del día la inflación está por arriba de las tasas de ahorro que me ofrece el banco, pero no siempre es así. Tenemos que buscar otras alternativas, y para ello hay muchos consejos que podemos abordar y los cuales enumeraremos para tener un mejor entendimiento.

1.- Buscar la mejor institución financiera – Si ya estamos ahorrando o vamos a iniciar este proceso, debemos de buscar siempre la mejor alternativa en cuanto a instituciones financieras donde tener nuestro dinero. En Honduras se manejan cuentas de ahorro corriente, cuentas de ahorro moneda extranjera y cuentas de ahorro objetivo (tienen un tiempo definido); existen a su vez certificados de depósitos pero este lo hablaremos más adelante. A la vez existen bancos, financieras y cooperativas donde poder ahorrar, siendo las cooperativas las que ofrecen la mayor tasa de interés anual y la que en mi opinión personal es la mejor opción al momento de ahorrar.

2.- Ahorro en moneda extranjera – Uno de los consejos que le puedo brindar, es ahorrar en moneda extranjera, esto tiene sus ventajas y desventajas. La ventaja es que la moneda como el dólar o euro, tiene una mejor apreciación que el Lempira, por lo que es una buena opción si vamos a tener el dinero ahorrado por un largo periodo de tiempo o si vamos a necesitar el dinero para un viaje en el futuro. Sin duda recuerde que debido a que debe de cambiar sus Lempiras por el dólar o euro inicialmente tendrá una perdida, esto se le conoce como diferencial cambiario, por lo que tendrá que esperar que empiece a ganar intereses y que su moneda local se siga depreciando (algo que no es bueno en la economía) para poder tener el monto que utilizo para tener la cantidad de dólares o euros que posee. Si desea ahorrar en dicha moneda todo es tan fácil como abrir una cuenta en moneda extranjera en su institución financiera de confianza, abocarse al servicio al cliente y ellos le ayudaran.

3.- Olvídate de tu ahorro – Esto puede escuchar un poco confuso, porque si estamos ahorrando es porque queremos ver una gran cantidad de dinero para "X" motivo, pero que sucede cuando sabemos que tenemos cierto dinero ahorrado, rápidamente nuestra mente busca manera de usarlo, estamos creando constantemente necesidades y se nos viene siempre a la mente "Tengo aquel dinero ahorrado" y no logramos alcanzar aquella meta en el tiempo estipulado. Entonces olvidemos el dinero ahorrado, dado que ya hemos definido un porcentaje de ahorro, lo que debemos hacer es tomar el dinero, depositarlo en la cuenta de ahorro ya definido y olvidarnos del mismo, cuando necesitemos dinero no pensemos como si tenemos ese dinero disponible, pensemos que el mismo fue usado para pagar una deuda y que ya no lo tenemos, la psicología juega un papel importante en ello y la fuerza de voluntad.

4.- Siempre ahorra en una institución financiera – Mucha gente, tiene una forma antigua de ahorrar, la conocida "meter bajo el colchón", como comúnmente lo llaman, toman su dinero y prefieren tenerlo en la casa, por si las dudas, creen que en cualquier momento el banco quebrará o se los robará y entonces, sale mejor tenerlo enterrado, almacenado o guardado como si fuese un libro, pero eso no sirve más que para perder valor de dinero, como hablamos anteriormente el valor del dinero va disminuyendo por la inflación, pero al tenerlo en una institución financiera se disminuye el impacto, por lo que tenerlo en la misma es la mejor opción si queremos ahorrar.

5.- La disciplina y constancia hacen el cambio – el ahorro es un hábito que debemos desarrollar día a día, como si fuese ir al gimnasio, al inicio es difícil y nos duele, estamos haciendo algo completamente nuevo, pero a medida el tiempo va pasando y mantenemos una constancia y disciplina en el mismo, como en el gimnasio crece nuestros músculos, en el ahorro crece nuestro dinero. No tenemos que darnos por vencido, recordando que Roma no se construyó en un día.

Existen otras formas de usar nuestro dinero, el ahorro solo es el primer paso, pero hablaremos del siguiente paso el capítulo siguiente, lo más importante en estos momentos es entender la importancia del ahorro. Un amigo mío fue suspendido de su trabajo por un tiempo determinado, sin pago todo ese tiempo, al consultarle me dijo que no tenía nada de dinero ahorrado, claro el todo lo que recibía con la misma lo gastaba y aunque aquel viaje que se pagó y disfruto no será borrado de su recuerdos, los recuerdos no le darán de comer por los siguientes semanas que él estaba suspendido de su trabajo, entonces es cuando pudo comprender la importancia del ahorro para ese tipo de emergencias.

Cuando consulté a la gente en mis redes sociales, por qué la falta de ahorro en nuestra sociedad, las respuestas fueron casi iguales en su mayoría, la falta de educación financiera, los padres no enseñando a sus hijos, la cultura hacia el gasto que tenemos, esas que son muy comunes no solo en nuestra sociedad sino que en muchas sociedades a nivel mundial. Tomando entonces de esas respuestas una que se repite más que otras, procederemos a hablar de educación financiera.

Capítulo 4
Hablemos de Educación Financiera

Tema que no es utilizado con mucha frecuencia en nuestra sociedad, pero que es de mucha importancia en nuestra vida adulta. La educación financiera abarca muchos temas que en su conjunto nos podrían y nos dan un entendimiento del dinero y su mejor uso. Es difícil encontrar una institución educativa, que dentro de su currículo escolar se encuentre la enseñanza financiera y es más complicado encontrar un hogar que les brinde a sus hijos estas enseñanzas. Hablar de dinero es para muchas personas en nuestra sociedad un tabú, en pleno siglo 21, aún hay personas que se molestan si les preguntan su salario o cuánto vale su casa o si se quiere hablar de gastos e ingresos diarios, lo toman como una falta de respeto preguntar eso y entonces si un hijo pregunta eso a su padre lo más probable es que se tome una reprimenda, los padres enseñan a sus hijos que hablar de dinero está mal y por ello al ser adulto, nos endeudamos en créditos malos y no sacamos provecho de los mismos o no tenemos el hábito de ahorrar.

Hablaba un día con un amigo, cuando su hijo se acercó, tenía aproximadamente unos 10 años el niño y me pregunto de la manera más inocente si trabaja de lo mismo que su papá, claro pensé a esa edad creemos que las personas que nuestros padres hablan trabajan en lo mismo y por ende de allí se conoce, le dije que no, que trabajaba en un trabajo totalmente diferente al de su padre, como todo niño curioso me pregunto qué cuanto ganaba haciemo dicho trabajo, cuando iba a contestar, su padre le llamo la atención "eso es una falta de respeto y no se pregunta" le dijo, con un tono de voz elevado, como si el niño me hubiese golpeado o insultado, cuando el niño se fue, llevaba una cara triste, es probable que no vuelva a preguntar eso en el futuro, que un día sea un adulto y crea que el pago que le ofrecen en un trabajo es el adecuado, aunque pueda que le paguen menos de lo que se merece, pero aprendió en ese momento que era malo preguntar algo tan sencillo, como cuanto se gana por un trabajo como el mío. Mi amigo me volteó a ver apenado y pidiéndome disculpas, "es con tu hijo que debes disculparte" le dije, me quedó viendo extrañado, en ese momento pensé que en su niñez es probable que haya pasado por lo mismo que pasó su hijo en este momento, que su padre le reprendió al preguntar algo similar y entonces el transmitió lo mismo a su hijo, al final, el individuo es lo que aprende en casa. Al ver su cara de confusión le pregunte si alguna vez había hablado de su hijo sobre el dinero, sobre cómo funcionaba el mismo y su cara fue aún más de confusión, "no, de dinero no se habla con los hijos", me dijo, "ellos solo se tienen que preocupar de hacer sus tareas, ya cuando sea adulto va aprender de eso", no podía creer las palabras que salían de su boca, lo vi con una cara de incredulidad, me parecía un pecado lo que estaba escuchando.

Así como pasa con mi amigo, muchas personas han crecido con esa situación, claro es un mal generacional, que seguirá pasando hasta que nosotros ahora que vamos aprendiendo más de las finanzas y su importancia, digamos ¡Alto! Y entonces nos sentemos con las futuras generaciones para que ellos aprendan de estos temas de importancia. Tampoco es necesario ser expertos en la materia, al final nadie es experto en todo en el mundo, pero si tener un conocimiento básico que podamos transmitir y así formar adultos diferentes. Es importante sentarnos con nuestros hijos, sobrinos o parientes que sabemos no tienen estos conocimientos y hacer de nuestra parte enseñándoles los que sabemos, al final si no transmitimos lo que sabemos no sirve de nada, ser un acumulador no tiene un fruto si no es compartido con los demás.

Recuerdo que estando en secundaria, en el último año recibí una clase de la micro y macro economía, claro dado el tipo de colegio en el que estuve y el libro con el que recibía clases, los temas impartidos eran prácticamente de la economía de otro país y no la nuestra, pero de la misma pude aprender varias cosas importante que aplican en cualquier lado del mundo, invertir el dinero, ahorrar y generar empleos. A su vez recuerdo también, que mis primos estudiaron en el colegio un bachillerato de Administración de Empresas, donde aprendían y tenían una educación financiera, existen maneras de aprender y algo que admiraba de dicha carrera es que ponían en práctica los conocimientos creando los estudiantes una empresa y poniéndola en acción, los estudiantes podían aprender a vender, llevar contabilidad, fabricar el producto y administrar una empresa, pero al final del año escolar, liquidaban la empresa y terminaba todo; es decir que ellos creaban y hacían una estructura para al final terminarla, no seguían con la misma aunque tenían un flujo de ventas y efectivo considerable, en vez de tener una fuente de ingreso segura al salir de su educación media, andaban buscando un trabajo en una empresa, algo está mal allí, tal vez los maestros no motivaban a seguir esas empresas, tal vez los padres de familia tampoco los alentaban a continuar, los factores podrían variar, pero el resultado era el mismo, las empresas cerraban.

Es importante dejar muchas cosas claras en cuanto a la educación financiera, por lo que antes de hablar con alguien sobre lo mismo dejemos un panorama claro. Mi mamá siempre me inculcó a pagar mis deudas a tiempo "hay que cuidar el nombre" me decía, más allá de eso, existía también el cuidar el crédito y el *score* (puntaje) crediticio que uno va creando con cada préstamo solicitado, allí es donde tenemos que tener un nombre limpio. En Honduras la gente tiene miedo cuando escucha "la central de riesgo", pero no es más que una base de dato que nos dice que tal es nuestro historial crediticio basado en la mora (atraso), que tenemos en nuestros préstamos, si nuestra mora es mala, es decir que no pagamos al día, tenemos muchas cuotas vencidas, sin duda que nuestro nombre no estará limpio en la central de riesgo, en cambio sí tenemos buen comportamiento de paga, en el día que toca o antes pagamos nuestras cuotas de los préstamos, nuestro nombre estará limpio, lo que la gente ignora es que todos estamos en la central de riesgo, ya que allí consultan como esta nuestro historial crediticio. "Entonces mejor no tengo crédito, todo al cash cash" ha de estar pensando en este momento, y claro es válido si usted quiere vivir de esa manera, sin duda nadie obliga a nadie a tener préstamos e incluso si usted decide no pagarlo (lo cual no es recomendable, hay que ser integro) la ley no lo va penar, pero piense ahora en sus metas financieras que quiere comprar, pongamos que es una casa, porque, ¿Quién no ha soñado con una? Si lo analiza, el precio de una casa va aumentando día a día ya sea por una plusvalía real o porque quieren venderle una idea en una nueva residencial e inflan los precios, de una u otra manera, las casas con el ambiente que usted sueña no van a valer menos de un millón de Lempiras, claro esto en una ciudad grande como es San Pedro Sula y en un lugar seguro y bonito de la ciudad, ahora al ver el precio le pregunto ¿tiene usted un millón de Lempiras disponible? Es muy probable que usted no lo tenga, así como yo no lo tengo y la mayoría de la sociedad hondureña tampoco disponga de dicho monto, es más ni me he acercado a esa cantidad de dinero con todos mis salarios que he logrado trabajando y es aquí donde el crédito es importante, donde al realizar sus análisis las instituciones financieras que nos brindaran el préstamo hipotecario ven todos nuestros datos y si nunca hemos tenido crédito o tenemos un mal *score* crediticio las posibilidades que nos den ese préstamo serán muy bajas.

Tener entonces préstamos es una arma de doble filo, si lo manejamos de una buena manera podemos tener incluso hasta ganancias de los mismos, si en cambio lo manejamos de una mala manera nos llevara a tener un mal *score* crediticio y un nombre manchado en la central de riesgo, pero como parte de la educación financiera que hemos venido hablando, los préstamos sin duda son parte de la plática si o si, nadie esta eximido de los mismos, incluso aquellas grandes empresas que usted ve día a día, tienen prestamos activos, no de tal vez cincuenta mil Lempiras como nosotros, pero de millones, la diferencia entre ellos y nosotros, es el que hacemos con ellos. Ahora hablaremos más tarde de los préstamos cuando hablemos de inversiones, lo cual sé que será una plática muy amena y entretenida la que tenemos, entonces como solían decir los animadores de televisión, "No le cambien".

Mientras escribía el párrafo anterior al que acabamos de leer, pensé sobre como empecé a formar mi *score* crediticio, claro que todo tiene que tener un inicio, muchos de mis amigos con un crédito en una casa comercial o como en mi caso, con una tarjeta de crédito. Es probable que usted, así como muchos, sientan un escalofríos en todo su cuerpo al escuchar esas palabras, que para muchos es el diablo financiero las temibles tarjetas de créditos, pero que sin duda es de los mejores productos e inventos financieros que puedan existir, en su mente ha de pensar que estoy loco, probablemente se le venga a su mente alguna mala experiencia utilizando dicho instrumento o escuchó a alguien decirle que nunca en su vida tuviera una. Ahora, el por qué estoy en favor de las tarjetas de créditos es muy simple, los múltiples beneficios que las mismas traen. Muchas personas no saben manejar una tarjeta de crédito de la forma adecuada, se les olvida que tienen que pagar después de un tiempo estipulado, por lo que empiezan a acumular el saldo que deben hasta que llegan a pagar una cantidad de intereses globales y en vez de reflexionar y culparse, hacen lo más fácil que es culpar a alguien o algo más, siendo en esta ocasión al plástico que es la tarjeta de crédito y las instituciones financieras que las emiten. No hay que temerle a las tarjetas de créditos, pero si hay que tener la responsabilidad para tener una y hasta el momento no he encontrado algo en contra como para no recomendarlas a las personas que conozco, lo que si les digo es no tener más de lo que se pueda y esto en referencia al límite de la tarjeta, por que sea como sea este se debe pagar, por lo que tenemos que considerar nuestro presupuesto antes de tener una o si ya tenemos acomodar los gastos necesarios en ella. Hay que recordar que los beneficios que traen la traen las tarjetas de crédito, el primero de todos es que no es nuestro dinero, por lo que si algo pasa por ejemplo una clonación de tarjeta, normalmente se tiene un seguro que los cubre, por lo que no perdemos nada de nuestro dinero, a diferencia de lo que pasaría con una tarjeta de débito o un asalto con dinero en efectivo, donde el dinero se desaparece y quedamos con esa perdida, con las tarjetas de crédito si algo así nos pasa, solo tenemos que llamar al banco, bloquean la tarjeta y solucionan el asunto, me dan una nueva tarjeta y a seguir con normalidad. Otro beneficio que nos brindan es que cada banco que ofrece una tarjeta, brindan diferentes opciones, ya sean descuentos en diferentes segmentos del mercado, puntos, millas y más, por lo que al utilizar este tipo de producto podemos sacar beneficios, claro que para saber cual nos conviene más tenemos que saber en que gastamos más, por ejemplo en mi caso, yo utilizo y consumo mucha gasolina, por lo que mi institución financiera, tiene y me brindó una tarjeta con descuentos en la gasolina, es un 7% de descuento que si por ejemplo un amigo y yo en el mes gastamos L3,000 en gasolina, el que paga en efectivo sale de su bolsillo L3,000, yo en cambio con mi tarjeta de mi bolsillo solo salen L2,790, al final del mes ambos tenemos el mismo producto pero yo me acabo de ahorrar L210.

Tal vez muchos sean escépticos en cuanto a las tarjetas de crédito, pero como hable al inicio del párrafo anterior, es una buena manera para construir un buen record crediticio, siempre que tengamos límites y ese es otro beneficio de las tarjetas de crédito, poder tener un mejor control sobre los gastos que tenemos y es que, si realizamos un presupuesto de L5,000 en total para todos nuestros gastos, podemos limitar nuestra tarjeta de crédito a ese monto, entonces sabiendo eso, tendríamos que no gastar más de lo que ya tenemos presupuestado. No hay que tener miedo entonces al uso de las tarjetas, no son el diablo, como dicen muchas personas las cuales debido a su mala gestión han tenido una mala experiencia, pero todo es de concientizarse, organizarse y sacar el gran provecho que nos da el uso de las mismas.

Al hablar de las tarjetas de créditos en los párrafos anteriores, hubo una palabra que salió a luz y que muchos hemos escuchado, pero pocos adquirimos y el cual no tenemos mucho conocimiento de los mismos, estos son los famosos seguros. Le pregunto ahora, ¿Posee algún seguro actualmente? Piense bien si por el momento cuenta con algún seguro de vida, médico, vehicular, habitacional, dental y la lista sigue y sigue, existen varios seguros que sirven para cualquier eventualidad en el futuro o como lo llamarían de una manera más profesional, contingencia. Pensará que al hablar de seguros, hablamos de gastos, de dinero que vamos a botar, porque usted se pone a pensar que pagar aquellos L200 al mes por algún seguro médico por ejemplo, y usted jamás en su vida ha ido al doctor, entonces esos L2,400 que pagaría al año serian solo un desperdicio y claro, muchas personas piensan de esa manera por el tipo de cultura que tenemos, porque hay que ser sinceros en su mayoría jamás pensamos en alguna enfermedad en el futuro, creemos que nada nos puede pasar y que al final si algo medico nos pasa el gobierno tiene que darnos la medicina o el tratamiento que necesitamos, pero como hemos viniendo diciendo, ahora es momento de cambiar de pensamiento, ya no seremos y no pecaremos de ignorantes financieros nuevamente y más cuando mezclamos la finanzas y el bienestar personal. Como dije al inicio del párrafo, un seguro nos cubre de un evento futuro, algo que pasó con un familiar cercano, el cual, si hubiera contado con un seguro habitacional, hubiera aprovechado los frutos de dicho seguro cuando su casa se quemó y no como le toco estar después realizando rifas, ventas y muchas actividades más para poder repararla o también cuando un familiar de una amistad muy cercana contrajo una extraña enfermedad que cada medicamento, valía casi lo que el ganaba en seis meses, si él hubiera tenido un seguro médico lo más probable es que el costo del mismo hubiera sido más baja y no hubiera muerto tan rápido por lo mismo. Claro que va ser muy difícil que incluyamos algún seguro en nuestro día a día, no tenemos como dije anteriormente la cultura para lo mismo, pero debemos de dar la importancia, imaginemos que cuando realizamos nuestro presupuesto teníamos como meta comprar un vehículo, claro normalmente nos vamos por el que nos guste más, aunque sea un poco más caro, que el de la par que es igual de funcional, pero no nos dará la satisfacción de hacer que la gente nos diga "que bonita esta tu auto", entonces imaginémonos conduciendo dicho vehículo por la ciudad, levantando suspiros y envidia por donde pasemos, ahora imaginemos que un sábado a eso de las 6pm paramos y nos estacionamos en un supermercado, tenemos que hacer unas diligencias en el lugar y al salir no está nuestro vehículo, lo buscamos y lo buscamos y no está, este fue robado, ¿Qué podemos hacer ahora? Poner la denuncia y luego en redes sociales poner la publicación con una foto de su vehículo y las especificaciones, para ver si alguien sabe de él, pasan las semanas y el milagro por el que ha orado no sucede, el vehículo no apareció, probablemente el mismo, fue modificado y vendido esa misma noche que se lo robaron o fue desmantelado por partes y los meses de ahorro y esfuerzo terminaron en ese instante, probablemente tenga un préstamo por parte del vehículo y ahora terminara pagándolo y sin disfrutarlo, pero y ¿Si hubiera tenido un seguro? Lo más seguro el mismo le cubría robos, probablemente las siguientes semanas ya hubiera tenido otro vehículo y seguiría robando suspiros y ocasionando esa envidia que tanto quería, pero lamentablemente pensó que pagar L600 al mes por un seguro de vehículo no valía la pena, creyó que era exento de robos y ahora tendría que volver a ahorrar y sacrificarse para adquirir un nuevo vehículo, si tenía un préstamo para el mismo, los mismos le exigen pagar un seguro por lo que allí se salva y es probable que el seguro le cubra, es allí donde vemos que tanto los prestamos como el seguro que recién hablamos nos funciona.

Piense en la situación en la que se encuentra y no solo hablo de la parte económica, de lo que ingresa y gasta, sino en la situación de su país, de su ciudad y comunidad, piense y analice si es necesario el pagar un seguro, si vive en Honduras con mucha seguridad le podría confirmar que es muy necesario, claro esta es mi opinión y el consejo que le diría a los que conozco y el cual en este momento le trasmito, la decisión final es suya, pero como dice el dicho "no vale llorar sobre leche derramada", entonces mejor aseguremos la leche desde que está en la caja.

Es muy importante cuando hablamos de educación financiera, saber el cuándo y en que utilizar nuestro dinero, claro que no le debe dar información a nadie de sus finanzas y se sabe que trabaja para usar su dinero de la forma que usted quiera; una de las cosas que he ido aprendiendo a lo largo de la vida es pensar antes de usar mi dinero, ¿me voy arrepentir en el futuro de este gasto? Si mi respuesta no es un "No" en los siguientes dos segundo luego de hacerme esa pregunta, entonces la pienso nuevamente, podría encontrar otras alternativas o tal vez buscar más sobre el producto, muchas veces gastamos el dinero de manera innecesaria, sin realmente necesitar ciertos productos, derivados a veces de una palabra que nos gusta escuchar y leer, "Ofertas".

Es muy fácil ver durante todo el año, especialmente en ciertas temporadas, que en los diferentes comercios tiene en grande aquellas palabras mágicas "Ofertas",

"Promociones, "2x1" y así sucesivamente, algunos con descuentos que podemos considerar reales y otros con engaños, productos que los venden al mismo precio que han estado hace un mes, pero que en sus "Promociones", le aumentan el precio para luego colocar que el precio en oferta es el que siempre ha tenido, pero vemos la palabra "Rebaja" y ya no nos interesa que siempre haya tenido el mismo valor o que dentro de un mes probablemente si este con una rebaja real, debido a que no se vendió cuando las promociones estaban vigentes. Este juego de promociones puede funcionar de dos vías, o enriquece a las empresas o nos enriquece a nosotros, espero que estas últimas palabras lo ponga a pensar a usted de cómo puede ser esto posible, lo primero es pensar y analizar qué tan ciertas son estas promociones, primero que todo las temporadas de promociones en los comercios son cíclicas, por lo que siempre cada año en las mismas fechas estarán vigentes las mismas promociones, entonces con anticipación podría ir a cotizar precios y compararlos con los que están vigentes al momento de las "Promociones", recuerde esto lo hará con los artículos que necesite, sino los necesita igual puede tomar ventaja, aquí es donde puede comprar con ciertos precios para revenderlos luego y obtener una ganancia. Así mismo puede aprovechar a comprar con un amigo o familiar, en los famosos 2x1, es probable que usted necesite, por decir, un nuevo par de zapatos, los suyos están a punto de morir, entonces junto a una amistad suya, la cual sabe que también necesita van y compran repartiendo el gasto a la mitad, la empresa pensará que gano vendiendo una de sus promociones, pero si lo analiza, aquí los ganadores fueron usted y su amigo, ya que ambos realmente necesitaban los zapatos y solo les costó, la mitad de lo que hubieran desembolsado en cualquier otro día, así es como aprovecha las promociones. Hay otras manera luego de sacar provecho al máximo su dinero, imagine que va a comprar una hamburguesa a un restaurante, usted sabe que la empresa donde trabaja, tiene un convenio con dicha cadena de restaurantes y le brindan un 20% de descuento en su consumo, usted ya va con la intención de comprarse esa hamburguesa porque necesita cenar y ese gasto ya lo tiene en su presupuesto, ahora, usted había colocado en su presupuesto gastar L180 en esa hamburguesa, no tomó en consideración el descuento, al llegar a caja tiene dos opciones pagar el total o L144 por la misma hamburguesa solicitando el descuento, ¿Qué hará? Muchas personas que conozco me dijeron que pagarían los L180 porque "qué pena pedir descuento", "van a creer que no tengo dinero" y así muchas otras excusas absurdas, aproveche, esos L36 que le da el descuento ya suman a la meta que tiene, le sirven para comprar algo más en el futuro.

Como el ejemplo del restaurante en el párrafo anterior, en muchos comercios existen descuentos, cupones, promociones que podemos y debemos aprovechar, créame puede ser que el empleado que lo esté atendiendo este en una peor situación financiera de la que usted se encuentre en estos momentos y opinar mal de usted es lo último que tenga en su gran lista de pendiente que él tiene. Es muy común escuchar en nuestro entorno la palabra "tacaño", una palabra que sin duda me disgusta de una manera terrible, muchas personas la utilizan para querer de alguna manera humillar al otro, por no gastar de manera irresponsable su dinero en gastos tonto e innecesarios, e incluso por usar su dinero de manera sabia comprando inteligentemente, a medida que aprendamos de finanzas, es importante que usted borre esa palabra de su vocabulario, porque es muy importante saber diferenciar con otra palabra que es ser "mísero". Es importante también, cubrir necesidades de aseo personal, o de alimentación que debemos hacer si o si y aunque he visto programas de televisión donde gente llega a la miseria por ahorrar unos cuantos centavos, eso no es recomendable, sin duda debemos de cubrir nuestras necesidades básicas y claro aquí es donde muchos llaman tacaños a estas personas que reutilizan hasta más no poder un producto que ya dio su vida útil, eso es ser miserable con uno mismo y no hay que llegar a dichos extremos.

A medida que uno va subiendo de círculo social, va viendo que la palabra tacaño se utiliza en círculos con poder adquisitivos más bajas, para no usar tantas palabras redundantes, es en las clases sociales pobres donde más lo utilizamos, incluso yo peque en su momento de usar dicha palabra, pero a medida uno va teniendo más conocimientos y va conviviendo con otras personas, escucha palabras como "ahorrativo", "ahorrador", "económico", entre otros, porque saben de la importancia del buen uso del dinero, si un amigo le dice que por no gastar "X" cantidad de dinero en un lugar donde la comida vale 5 veces más que en el restaurante de la par que sabe la comida incluso mejor, usted es un tacaño, debería de reconsiderar las amistades que tiene y sobre todo que está aprendiendo con esos amigos, como hemos dicho, la decisión de en qué gastar el dinero es propia y si usted cree que gastar "X" cantidad de dinero en algo que puede estar más barato en otro lado, es su problema, solo piense ¿vale la pena el gasto de más? ¿Lo hace porque realmente quiere o para impresionar a alguien más?, es importante pensar nuestras decisiones y la relevancia que tendrán las mismas en el futuro. Puede ser que aun leyendo, usted en su mente diga, "No, eso es ser tacaño y punto" y al final es libre de pensar de la manera que mejor le parezca y en mi vida me han llamado muchas veces tacaño y aunque las personas creen que de cierta manera me insultan o que decirme de esa manera hará que gaste mi dinero en las cosas que ellos digan, se equivocan, siempre lo he tomado como un cumplido, sé que ellos no tienen mi misma visión y no todas las personas deben de ver el mundo como yo lo hago, pero si es una de esas personas que como a mí me dicen tacaño, no se sienta solo, sus metas y objetivos financieros harán que un día mire para atrás y vea que esas personas que un día le dijeron tacaño, extenderán su mano y le dirán "ayúdame en "X" problema financiero", entonces allí podrá ver que la palabra

tacaño, no existe.

Capítulo 5
Hablemos de Inversión

Hay vida más allá del ahorro. Muchas personas, tienen el hábito del ahorro, el cual está más que bien, al menos tienen un paso más adelantados que muchos, pero no pasan de allí, es decir ahorran cierta cantidad y luego la utilizan para alguna meta que tenían, lo cual está muy bien, pero y si ese dinero ahorrado les puede dar más dinero ¿Por qué no lo hacen? Como hemos venido comentándolo en los segmentos anteriores, todo se debe a la cultura y educación que tenemos, el cual muchas veces no suele incluir palabras como inversión.

A medida que conozco más personas, puedo notar al hablar con ellas que, en su mayoría, quieren dar ese siguiente paso como es la inversión, pero por factores externos a su voluntad, en muchos casos, no se puede dar, el temor a las extorsiones, el poco apoyo que reciben de sus familiares y amistades más cercanas y sobre todo el miedo al fracaso, hacen que muchos coloquen una gran roca en su camino, frenen ese entusiasmo que tienen en su mente y que aquello solo quede como una idea, se puede ver el brillo en sus ojos al hablar de aquella gran idea que cambiaría su vida, pero luego se ríen y solo dicen "Olvídalo, solo pasa en mis sueños", pero ¿Acaso no saben que los sueños existen para que los hagamos una realidad?

Me encontraba un día tomando unas cervezas con un amigo y comiendo unas alitas de pollo, cuando vimos un anuncio televisivo de un nuevo producto en el mercado, era primera vez que escuchaba de ello y él también lo hacía, pero me dijo con un tono algo apagado "Que daría por tener una empresa así, que se dé el lujo de pasar anuncios en televisión" y tomó un gran trago de cerveza como para ahogar algún pensamiento de su mente, alguna idea que nació y murió en su imaginación. Al escuchar a mi amigo, quedé muy sorprendido con sus palabras, él tenía un buen trabajo y por años, nunca lo he escuchado quejarse de aquello que realiza, pero por primera vez había sacado de adentro de su ser algo que mantenía oculto, "pero muchacho ¿Qué te lo impide?", le consulté, está de más decir que yo suelo tener un punto de vista práctico para este tipo de cosas, los problemas, claro, siempre intento encontrar la solución más fácil y que mejor resuelve cualquier conflicto, por lo que no vi el problema del sueño frustrado de mi amigo. Ahora mi amigo es alguien muy jovial, por lo que incluso cuando sabía que había tenido un pésimo día de ventas en el trabajo, siempre se manejaba para tener una gran sonrisa en su cara, pero este día algo había cambiado, habrá sido el alcohol o algo más, pero algo detono en su mente, me miro "había tenido esa misma idea hace 5 años y por no saber cómo llevarlo a cabo no lo hice, al ver el anuncio puedo ver que es muy tarde" y volvió a beber otra gran trago para ahogar su pena, la cual acompaño ahora con una gran alita para llenar el vacío que dejo aquel anuncio de televisión, en su mente.

Como sucede con mi amigo, cada día voy encontrando en el camino gente, que tiene la intención de hacer algo diferente, tienen un proyecto en mente que nunca materializan, al consultarles, hay un denominador muy común entre todos y es que se quedan callados, no consultan, no investigan, no piden ayuda, ya sea por su ego o porque no saben que es lo que deben y a quien deben consultar. El error que muchas veces cometemos es el de creernos autosuficientes, tenemos en la mente una pequeña voz que hace que no salgamos a flote, que nos dice que si pedimos ayuda somos perdedores, que nos dice que si pedimos ayuda es porque realmente no tenemos que hacer aquello que con tanto entusiasmo queremos realizar, pero hoy les digo, esto no es así, piense ahora, ¿ha tenido la intención de invertir? O más que todo ¿sabe que es una inversión? Probablemente es de su conocimiento básico, que al escuchar la palabra invertir o inversión, sepa que hablamos de obtener más dinero, lo cual no se equivoca, probablemente más de alguna persona lo ha invitado a invertir su tiempo y dinero en ser su propio jefe, una frase muy conocida de aquellas que son estafas piramidales, pero hablaremos de eso luego, para ampliar nuestros conocimientos, que es lo que más queremos, le dejo el siguiente concepto que me gustó mucho y encierra muy bien la idea principal, "El término inversión se refiere al acto de postergar el beneficio inmediato del bien invertido por la promesa de un beneficio futuro más o menos probable. Una inversión es una cantidad limitada de dinero que se pone a disposición de terceros, de una empresa o de un conjunto de acciones, con la finalidad de que se incremente con las ganancias que genere ese proyecto empresarial. Ahorrar una parte de los ingresos y destinar ese dinero a la inversión puede ayudar a mejorar la salud financiera de una persona en todas las etapas de su vida. (BBVA, 2022)".

Ahora como es probable que usted, al igual que mi grupo cercano, incluyéndome, tenemos poco conocimiento en invertir y más que todo, una cultura muy pobre en ello, se nos dificulte poder realizarlo, pero como ahora hemos podido realizar un presupuesto o empezar una meta de ahorro, la inversión también se nos es posible. Como hemos visto en el párrafo anterior, la finalidad del ahorro es tener un beneficio futuro, en otras palabras es obtener algo, que en este caso hablamos de dinero, ese que tanto nos hace falta en muchas ocasiones y que nos vendría a quitar carga de nuestros hombros, por lo que si recuerda en el primer capítulo donde hablamos de esa línea de ingresos tan importante en nuestro presupuesto y en la cual la mayoría de las veces solo incluimos nuestro salario, porque no tenemos otras fuentes de ingresos y por ende tenemos que buscar la manera de incrementarlo, pues aquí en este capítulo es donde hablaremos de ello.

Existen diversas maneras de hacer rendir nuestro dinero, dándonos ese ingreso extra que muchas veces (casi siempre) necesitamos, ya sea para poder cubrir nuestros gastos o realizar un proyecto que tenemos en mente. Es importante como mencionamos con anterioridad, que si no sabemos o tenemos poco conocimiento de la inversión consultar con alguien que lo sepa, esto es como ir al médico, si usted siente un dolor muy fuerte en su estómago, lo más adecuado es ir a un especialista que sepa que nos está pasando, esto son los doctores, no va usted a inventar algún remedio que al mediano o largo plazo va afectarle más de lo que está en esos momentos, así mismo sucede con las finanzas, existen personas especializadas que pueden guiarlos en el camino al éxito que usted quiere llegar. En este momento usted ha de estar pensando "Mmm, eso de un especialista me suena a gastar dinero" y es muy probable que sí, pero no necesariamente, existimos en un mundo tan globalizado, que a veces no vemos que tenemos toda la información posible en la palma de nuestras manos, el teléfono celular no solo funciona para tomarse selfies, mandar WhatsApps con memes que encontramos en Facebook a nuestros amigos, también sirve para llevar libros financieros en pdf a donde vayamos, ver videos educativos en YouTube y encontrar tantos cursos en plataformas educativas. Hay que siempre recordar que "el querer es poder" y no necesitamos una educación formal universitaria para saber de ello, quiero aclarar en este momento que no estoy diciendo que la universidad es mala, al contrario incentivo a las personas que vayan a la universidad, pero aquí es donde les aconsejo que ya en las aulas se enfoquen más en las personas que en las clases, probablemente ahora usted piense "pero hombre, este está loco o ¿Qué le pasa?" y claro no lo culpo, en países latinos aun muchos tiene el pensamiento que tener una nota de 90% les garantiza el éxito al graduarse, pero créanme he conocido a graduados de excelencia académica ser al final del día empleados de aquellos graduados con la nota mínima y esto no es ser mediocre como algunas piensas, es más lo motivo a seguir sacando altas calificaciones si eso le da una satisfacción personal, pero la universidad solo le enseña lo básico que termina de desarrollar en el trabajo, por lo que con que sepa y entienda como funciona algo, con el tiempo va tener todo el conocimiento requerido a medida vaya trabajando y ejecutando más sus actividades. Pero vivimos en un mundo de conexiones, todo está conectado y por experiencia propia y la de muchos conocidos, el llevarse bien con aquel compañero que conoció a media carrera y establecer una buena amistad le va brindar más frutos que tener un 100% en administración de empresas.

Si queremos empezar a invertir el momento es ahora, no hay un día correcto para hacerlo o tenemos que esperar algún sueño que nos muestre como será nuestro futuro al realizar tal inversión, es cuestión de uno mismo, crear el futuro que queremos vivir, por lo que si queremos tener un mejor ingreso o uno diferente a aquel que nos da el salario el momento es ahora.

Como hemos escuchado, leído o visto ya sea en libros, conferencias o videos en redes sociales, tenemos que buscar a crear ingresos pasivos, si usted no conoce lo que son los ingresos pasivos, es aquel dinero que nos ingresa a nuestros bolsillos sin hacer "nada" y como el humano lo que más quiere es todo de gratis, es hacer el mínimos esfuerzo para obtener mucho, en la mayoría de ocasiones, aquí es donde tenemos que ponerle el ojo. Claro, el nada se encontraba entre comillas, porque al final del día todo requiere un trabajo, no importa que, cada reacción viene por una acción y aunque los ingresos pasivos es el tipo de ingreso que requiere menos esfuerzo, al final siempre hay que trabajar para que eso llegue a suceder. Si aún tenemos la duda de que es el ingreso pasivo, aquí una mejor explicación, dividimos a nuestros ingresos en dos partes, aquella por la que tenemos que trabajar para obtener ganancias como ser el salario que recibimos en la empresa donde laboramos y el ingreso pasivo que es el ingreso que obtenemos de nuestras inversiones por ejemplo si ponemos en alquiler una casa, mes a mes nos pagan una renta. Por lo que si usted no nació en una familia que tuviera dinero, normalmente siempre hay que realizar una cantidad de trabajar, para tener el capital necesario para invertir, es probable que ahora usted ha de estar pensando en los millones y miles de millones que necesita invertir para poder vivir con los lujos que usted quisiera, probablemente usted ya se ve en un automóvil del año y una mansión por casa, pero para llegar a cumplir dicho sueño, debemos de trabajar de manera inteligente. No es necesario tener millones para poder invertir y aunque usted no lo crea, el dinero es lo menos importante al momento de invertir, pensar de manera correcta, la paciencia y sus conexiones le ayudarán más en una buena inversión y eso cuesta cero Lempiras. "Entonces ¿Cómo está eso de invertir?" ha de pensar, y como ya mencione anteriormente tengamos paciencia, llegaremos a ese punto.

Una tarde de verano, mientras con un grupo de amigos nos habíamos reunido, para ir a comer unas baleadas, uno de mis amigos mencionó que él estaba ya cansado de su trabajo, pero que no tenía ninguna talento para poder salir y emprender, por un momento nos quedamos en silencio, ya ahora la plática jocosa que teníamos había terminado, alguien sacó a relucir un tema importante y teníamos que brindarle ayuda, "Va salir algo mejor", "Ya verás que se te pasará", "está difícil buscar otro trabajo" y muchos otros comentarios se mencionaron, lo cual no me sorprendieron, al final todos eran asalariados entonces pensar en un sueldo fijo es lo primero que la mente haría, en un momento de silencio, aproveche para preguntar si tenía algún ahorro, pero como era lo normal no lo tenía, pregunte a los demás y de 5 que éramos solo 2 teníamos ahorrado y tampoco era una gran cantidad de dinero, procedí a preguntarles si todos estaban conforme con el salario que recibían y todos dijeron en una sola voz que no. Dado que era al inicio antes que empezara a invertir, les sugerí en ese momento que creáramos una fuente de ingreso diferente para que no solamente estuviéramos esperando cada quincena un salario y en el futuro nos pudiéramos retirar sabiendo que teníamos una fuente de ingreso fija, todos me miraban con un brillo en sus ojos, pensar en retirarse a una temprana edad, posiblemente no estaba en la mente y tener más dinero, se escuchaba como un buen trato para ellos. Así que esa noche el plan era comprar o construir unos apartamentos, sabíamos que ese era una renta fija y además había visto suficientes video en YouTube de bienes raíces, para saber que era un negocio altamente rentable, entonces fijamos un valor, teníamos que entre todos recaudar la suma de L800,000, sin duda que una suma de esa magnitud deja a la mayoría con una cara de desilusión, en sus mentes pensaban en donde obtener L160,000, no tenían ni un Lempira ahorrado, peor esa cantidad, pero calme las aguas un poco, "Tampoco es de tenerlo todo", les dije "Vamos a recaudar una parte y el resto usaremos un préstamo para terminar de completar", las dudas surgieron, normalmente la palabra préstamo viene atado a deuda y esa con pobreza, pero entonces allí es donde tuve que empezar a cambiar su chip de pensamiento.

Normalmente muchas personas tomamos préstamos en instituciones financieras para gastarlo en viajes, compras de artículos para el hogar y en vehículos, entre otro, por lo que siempre tenemos una deuda y no vemos los beneficios de ellas, en Honduras normalmente decimos que solo endeudándonos tendremos algo, y aunque tiene cierta razón la frase, es como utilizamos esa deuda el que diferencia a muchas personas. Es probable que usted vea a grandes empresa como la Coca-Cola y crea que están libre de préstamos, pero no es así, incluso los bancos tienen prestamos con otro banco, la diferencia entre los préstamos que ellos adquieren y los que muchas veces nosotros solicitamos, es que ellos lo usan para invertir, por lo que las cuotas del mismo se pagan solas, por lo que es muy importante aprender a trabajar con ellos, como hablamos anteriormente de las tarjetas de créditos o los seguros, todo tiene una función y una vez aprendamos a manejarlo es cuando se nos abren nuevas puertas que no sabíamos. Probablemente usted tenga la intención de invertir en bienes raíces, de la misma manera como yo le propuse a mis amigos, pero mire los precios de las casas y valen miles o millones, entonces le pregunto ¿Va poder ahorrar toda esa cantidad de dinero? Probablemente usted piense que no, y sabe no hay nada malo de ello, pero si puede tener una meta más corta y accesible como lo es la prima de la casa o apartamentos que usted tiene en mente, para hacerlo toca realizar recortes en su gastos y algunos sacrificios, pero una vez pague la prima, le aprueben el préstamo y empiece a alquilar la casa, va empezar a ver como la misma se paga sola, el monto que usted cobre de renta tiene que ser igual a la cuota del banco y si usted solo no puede, no tenga miedo de unir más personas a su proyecto, así disminuye sus riesgos y se apertura a más proyectos. No vea el préstamo como un enemigo, sepa utilizarlo a su favor y saborear los rendimientos que el mismo puede darle. Está de más decir que con mis amigos pudimos juntar los L80,000 con mis amigos, tuvimos que incluir a un sexto elemento, y adquirimos dos lotes de terrenos donde construimos 8 apartamentos, donde alquilábamos los mismos a L1,500 cada uno, por lo que cada mes teníamos L12,000, el préstamo fue de L500,000 en una cooperativa y con el ingreso pagábamos la cuota y aunque pudimos ir pagando capital para salir antes del préstamo, no teníamos necesidad de hacerlo, la inversión se pagaba sola, el restante decidimos ahorrarlo para hacer más proyectos en el futuro y para tener un mejor rendimiento de interés decidimos tener el dinero en certificados de depósitos a plazo fijo.

Como normalmente el dinero es escaso, aunque las ganas de invertir son grandes, lo más importante es tener el mayor rendimiento posible sobre nuestro dinero, hay que recordar que debemos luchar contra la temible inflación que afecta todas las economías unas a más escalas que otra, pero ya aprendimos sobre el valor del dinero en el tiempo. Como ya aprendimos anteriormente el ahorro solo cura parte de la enfermedad, siempre perdemos dinero aunque ahorremos, por eso la inversión es esa cura. Aunque si hay tipos de inversiones muy complejas, existen otras muy sencillas como lo son los certificados de depósitos a plazo fijo, es un producto que ofrecen las instituciones financieras en su mayoría, sino que todas. Es probable que usted no haya escuchado de las mismas, aunque tiene muchos años de existencia y claro que no lo culpo, recuerdo que una noche hablando con una amiga del ahorro y en que institución financiera brindan una tasa de interés más alta, le mencioné los certificados de depósitos a plazo fijo(los llamaremos CD de ahora en adelante) me quedó viendo confundida y me dijo que no había escuchado de estos con anterioridad, es de mencionar que ella es una graduada universitaria y labora actualmente, por lo que su educación es superior a la mayoría del país, aun así, aunque ha ido muchas veces a instituciones financieras y tiene más conocimiento que muchos, para ella eran desconocidos los CD, pensé en cuantas personas con una educación media o básica, ya adultos tampoco saben de los mismos. Los CD ayudan mucho para obtener un mayor rendimiento por nuestro dinero, se deja por un tiempo establecido, en Honduras estos se dejan en un término de 3,6,9, 12 y hasta 24 meses, entre más alto sea el monto y mayor el tiempo que lo dejamos, más alto será la tasa de interés y con ello el dinero. Es una manera fácil y sencilla de ahorrar en economías como la Hondureña que hay pocos productos financieros para invertir de esta manera, por lo que les invito a realizarlo, de mi parte es una práctica común destinar una cantidad de dinero a CD en mi cooperativa de preferencia, la cual me paga incluso una tasa más alta que muchos bancos en el país.

Es probable que ha escuchado o leído de invertir en acciones, ha oído hablar de las bolsas de valores de Nueva York, de México, Shanghái y muchas más que existe en el mundo, siendo las de Estados Unidos sin duda las más famosas y reconocidas a nivel mundial, tal vez ha pensado en algún momento de su vida invertir en las mismas, pero le preocupa el perder su dinero o vio la película del Lobo de Wall Street y se dijo "Allí si hay millones", claro hay que recordar como terminó el lobo al final de la película. Es muy importante saber que en muchos países existe ya una bolsa de valores, algunas más complejas y con más productos que otros, además de la información que se maneja en las mismas, por ejemplo en Honduras existe una bolsa de valores que ofrece bonos de muchas empresas, para una persona individualmente y con unos ingresos bajos, invertir en la misma es difícil, dado que para invertir se necesitan mínimo L100,000 y aunque el rendimiento es mejor que un CD o cuenta de ahorro, llegar a ese monto dificulta muchas veces. Es probable que con las últimas palabras usted me diría, "Pero, ¿No hemos estado hablando de hacer rendir nuestro dinero?, ¿No sale mejor hacer ese esfuerzo extra e invertir en esos bonos?" sin duda les diría que sí, pero gracias a la tecnología, ahora podemos invertir en aquellas mercados bursátiles que hablamos al inicio del párrafo y con apenas $100 en muchas aplicaciones que existen hoy en día, paginas como Public, eToro y muchas más que puede utilizar para invertir en las mismas, ahora la duda estará en ¿Cómo se hace dinero en eso? Comprando acciones y recibiendo dividendos (no todas dan pero muchas si lo hacen), además comprando acciones y vendiéndolas cuando estas suban de valor, el valor de las acciones incrementa a medida la gente quiere comprar más acciones de la empresa, es una clásico juego de oferta y demanda, donde usted puede vender a corto o largo plazo, dependiendo de cuánto tiempo quiere invertir en estar investigando, viendo noticias financieras y estar realizando movimientos de compra y venta. Además de las acciones puede invertir en estas mismas plataformas en fondos de inversiones, la cual le ofrecen una tasa atractiva y en la que usted solo espera su dinero, lo juega a la segura y está recibiendo su ganancia, por lo que en este forma de invertir entre más se arriesga más se gana, lo que siempre le recomiendo es leer e informarse mucho, existen muchos libros para hacerlo, lea todos los posibles por que en cada uno de ellos siempre hay un pedazo de información que lo nutrirá de más conocimiento.

Mientras me encontraba un día tomando mi clásico café de las tres de la tarde recibí la llamada de un amigo, nos habíamos conocido en uno de mis primeros trabajos y mantuvimos la comunicación, me sorprendía recibir la llamada de él ya que normalmente siempre me enviaba algún WhatsApp o comentaba algo en mi Facebook, atendí de inmediato imaginando que algo malo había ocurrido, clásico del humano pensar siempre en lo malo, "dime que no sucede nada malo" le dije sin siquiera decirle un hola, escuché una risa desde el otro lado, bueno si hay risas es porque no hay nada malo pensé, me dijo que se le había presentado una oportunidad de invertir su dinero y quería saber qué opinaba, quería un consejo. Recuerden, si no estamos seguros de algo, siempre es importante hablar con personas que saben de la materia, como mi amigo hizo conmigo, le pregunté entonces sobre la idea que tenía para invertir su dinero y me comentó en como una amiga de él, quería iniciar un emprendimiento, pero que le hacía falta un dinero para poder echarlo en marcha. Lo primero que le consulté era si él iba a ser parte del negocio, aportando capital o si era un préstamo que le daría, no tenía eso definido, luego pregunté si su amiga ya tenía un plan de negocio, lo cual me dijo que tampoco le había proporcionado. Invertir en nuestros amigos o familiares, es sin duda una cosa muy noble, pero muy poco inteligente financieramente hablando si no logramos separar los sentimientos de los negocios y es que muchas veces suele pasar que tenemos algún ser cercano que nos pide dinero prestado y no nos paga, ocasionando luego una pelea por el dinero y creando conflictos en cual el prestatario (el que presta el dinero), por evitar peleas termina perdiendo el dinero, cuando decidamos invertir nuestro dinero en familiares y amistades ya sea para emprendimiento o algo más, dejemos las cosas claras desde un inicio, pidamos un plan de negocio, en el tendrá que ir detallado como será utilizado el dinero, definamos si nos quieren como socios, entonces hay que ver cuánto de la empresa será nuestra con el dinero que brindemos y si es un préstamo, dejar claro el interés y el tiempo del mismo, todo firmado por ambas partes. Sin duda invertir en emprendimientos y pequeños proyectos que van iniciando, es una gran manera de invertir el dinero, no es por nada que a nivel mundial existen tantas empresas que se dediquen a este rubro, conocidas como Fondos de inversiones de capital, Venture Capital, Inversores Ángeles y más, que invierten de su dinero y conocimientos para hacer crecer estos proyectos emergentes y así obtener grandes rendimientos en su futuro. Si sabe de alguien que le propone estas ideas de negocios, de invertir en ellos, siempre consulte a alguien que sepa del rubro si la inversión es buena o no, aunque no sabemos el futuro, se puede saber por el pasado que podrá dar o no resultados.

Probablemente ahora que usted leyó en el párrafo anterior esa palabra "Emprendimiento" se entusiasme, ya sea porque usted tiene uno, un ser cercano o usted se encuentre pensando en montar uno y sin duda hablaremos de los mismos, pero más adelante por lo que le invito a que sigamos leyendo para seguir nutriéndonos más y seguir en esta amena plática, que estamos sosteniendo.

Es importante diferenciar una buena de una mala inversión y sobre todo tener claro lo que significa la palabra inversión, recordemos que si nos deja mejor de lo que estábamos y recuperamos el dinero invertido en menos de 5 años, podemos considerar esta como una buena inversión, por lo que por ejemplo una casa propia muchos no la consideran una inversión, ya que normalmente el 90% del valor de la misma la financiamos con un banco a un plazo de 20 y hasta 30 años, además de que la misma no nos deja dinero, al menos claro que la alquilemos, lo mismo pasa con un vehículo si lo compramos para uso personal, hay que pagar matricula anual, mantenimiento, seguros y gasolina, por lo que más que dejarnos dinero este nos saca dinero, saldría más barato utilizar transporte público, pero como he dicho anteriormente la situación no es la misma y aunque los libros de muchos expertos (normalmente de primer mundo) nos dice que una casa o un vehículo es una gasto y no una inversión, hay muchas veces que debemos ver más allá del dinero, al final hay cosas que valen la pena "invertir" el dinero. En un país como Honduras, afecta la inseguridad que se vive, por la que tener una casa propia y un vehículo, proporciona seguridad y paz mental, entonces utilizar su dinero, no está mal visto y no lo consideraría una mala inversión, al final esa tranquilidad puede abrir la mente para que vea oportunidades que antes no consideraba. Como mencioné también anteriormente, una de las mejores inversiones que podría hacer es el conocimiento, si es posible compre libros de ventas, inversiones, emprendimiento, finanzas personales, que podría ayudarle a ver cosas que usted antes pasaba de lejos, incluso este libro que ahora usted está leyendo es una doble inversión, mientras usted paga un monto al adquirirlo, algo que aprenda del mismo puede hacer que gane dinero ya sea mediante el ahorro en un gasto o lo motive a invertir su dinero; y también una inversión para mí que al estar escribiendo y utilizando los años de conocimiento puestos en papel se me recompensará de una manera económica, dinero que será utilizado para proyectos en el futuro.

Existe sin duda un mundo afuera para invertir que día a día pasamos desapercibidos, pero donde sea que volteemos a ver alguien está invirtiendo, normalmente dinero, pero también tiempo, conocimiento y habilidades. Siempre debemos estar en constante aprendizaje y buscando nuevas maneras de generar ingresos pasivos, que nos ayudaran a nuestras metas financieras que tenemos escrito. Recuerden que invertir es un arte, saber ver las oportunidades y aprovecharlas es nuestro trabajo como artista, si sentimos que es difícil, podemos consultar con los que saben, es de sabios reconocer nuestras limitaciones y buscar la ayuda para ampliarnos.

Recuerdo que un día de ocio, me encontraba navegando en Instagram, cuando un video de Shaquille O´Neal (ex basquetbolista y empresario) apareció en mi pantalla, él estaba en un panel con jóvenes y el entrevistador le preguntó sobre sus inversiones, el cual el apunta que luego de escuchar a Jeff Bezos, creador de Amazon, hablar en una conferencia este dijo que solo invertía en proyectos que cambiaban la vida de las personas, Shaquille dijo que esas palabras lo habían puesto pensativo y decidió hacer lo mismo, desde que tomó esa decisión sus ingresos por inversiones incrementaron más de 10 veces lo que facturaba antes, al momento de invertir no solo pensemos en el dinero, sino en el legado que dejamos y como esto ayuda a la humanidad.

Sin duda alguna la inversión, ayuda a las economías, hace que el dinero circule generando más empleos e innovaciones en el país, muchas personas tienen grandes proyectos de inversión que por falta de financiación no logran sacar a flote, podemos invertir en ellos, podemos hacer que más empleos se generen en el país, mientras recibimos los frutos de dichas inversiones. Por eso no podemos hablar de inversión sin mencionar el emprendimientos y es allí hacia donde nos dirigimos.

Capítulo 6
Hablemos de Emprendimiento

Algo que siempre he admirado es el espíritu emprendedor de las personas, aquellas que se lanzan con sus ideas y que con las mismas aportan en su mayoría a la economía de los países, para dejarlo más claro el panorama en Honduras "La Micro, Pequeña y Mediana Empresa (MIPYME) es uno de los pilares de la economía hondureña y cumple un papel protagónico en la reactivación y desarrollo del país. Este sector aporta aproximadamente el 60% del Producto Interno Bruto (PIB) y origina 7 de cada 10 empleos en Honduras. (CNI, 2021)"; Claro que es fácil admirar estas personas cuando ya están allí en lo alto, con su marca ondeando cual si fuera la bandera nacional, pero emprender es algo de las cosas más difícil y terroríficas que se puede hacer, pero, que es tan necesaria para poder tener la economía que conocimos, conocemos y seguiremos conociendo a medida los emprendedores sigan naciendo.

Emprender exige salir de su zona de confort, por lo que el miedo es algo constante, pero recuerde que sin vencer ese miedo no llegará a donde quiere estar, si usted es un emprendedor o lo fue en algún momento y por circunstancias de la vida este falló, lo invito a cerrar los ojos y recordar el inicio del mismo, recuerde las horas que pasó imaginando su proyecto, su plan de acción, la primera venta que tuvo, las noches de desvelo para que su producto saliera al mercado, claro que ahora recordará con gran añoranza y alegría esos tiempos, no se nos viene a la mente las peleas con nosotros mismos, el sueño de la mañana siguiente, las desilusiones al no tener una venta y muchas otras cosas más, pero al final del día disfrutamos esa libertad de hacer lo que nos gusta.

Es probable que en este momento piense las cosas en la que es bueno y en si no encuentra en que podría emprender, no se le viene a la mente que puede hacer aunque ya lo ha pensado en el pasado y le digo, no es obligatorio emprender, como mencionamos en el capítulo anterior podemos ser inversionistas y poner nada más nuestro dinero si sentimos que emprender no es lo nuestro, el invertir ese es nuestro emprendimiento. Tengo la gran certeza que muchas personas no tenemos un gran espíritu para emprender, no tenemos ese fuego que otros tienen para desarrollar proyectos, pero tampoco está malo intentarlo, al final del día bien dice aquel dicho "nadie nace aprendido", por lo que con una buena lectura y guía, se pueden lograr grandes hazañas.

Recuerdo que entrando a la adultez, me dije a mi mismo que iba a emprender vendiendo jugos naturales embotellados, si me preguntan por qué elegí tal proyecto les mentiría dando una razón, podría decir que vi dicha necesidad en el lugar de trabajo o que vi un video donde lo realizaban y pensé que yo también podría hacerlo o "X" o "Y" motivo, la verdad es que no recuerdo por qué quería aventurarme con ese proyecto, pero decidí hacerlo. Cuando inicié dicho proyecto, no tenía el mínimo conocimiento de donde conseguir los proveedores, nombre del producto, costo, precio de venta y todo lo necesario, (desde ahora lo adelanto, el proyecto fracaso luego de unos meses y siento que sin duda fue por no tener una ruta clara la cual seguir, no tenía un plan de negocios) pero como muchos emprendedores dije "es ahora o nunca" y me aventuré, al menos sabía que estos los vendería en el trabajo, donde la gente me conocía y podía vender unos 100 jugos a la semana, lo cual no vi como algo malo, tenía con la venta de los mismos una rentabilidad casi del 50%, con el precio de ventas de L15 cada uno, tenía a finales de semana unos L750 extras a mi salario, por lo que al ver ese dinero la motivación aumentaba para seguir en el mismo. Recordando la primera vez que iba a vender, el día anterior ofrecí el producto a la gente para saber el sabor que querían del catálogo que ofrecía, fue un fracaso, no tenía una formula exacta y sabia a pura agua con azúcar, ya allí sentía que había iniciado y terminado, no quería hacer más, al día siguiente con mucha pena tuve que disculparme de lo sucedido con la gente, pero esa noche mi mamá me motivo a intentar nuevamente y esta vez de una fruta diferente, al probarlo entonces los pensamientos cambiaron el producto era bueno, sabía bien y tenía buena imagen, recuerdo llevar 20 botellitas del mismo y venderlas todas, fueron la sensación y seguí vendiendo y vendiendo por unos meses más. En este momento se preguntará, como, si eran un éxito, tenían buena presentación y sin duda un buen sabor, el proyecto llegó al fracaso, pues el entusiasmo de inicio iba desapareciendo, a medida los meses transcurrían no salía de mi nicho de venta, entre en una zona de confort y no me expandí a vender en otros lados, buscar mejores proveedores, tener empleados, expandirme en redes sociales o darle el tiempo necesario, al no tener un plan de negocios, no sabía que por que ruta seguir y entonces me perdí en el camino, llevando el proyecto al abismo.

Muchas veces, como me pasó a mí, es probable que a usted le haya sucedido o haya escuchado estas historias de fracaso, pero más que una vil pérdida existen valores en esas vivencias, porque si murió dicho proyecto significa que en su momento estuvo vivo, alguien valiente tomó la decisión de ejecutarlo y aunque el mismo no prosperó como se debe, queda una lección aprendida, algo con lo cual se puede mejorar los proyectos que se tienen en el futuro.

Ahora bien, el emprender requiere mucho tiempo y aquí es donde hay muchas contradicciones que dejan a las personas pensando si lanzarse o no al mismo, por un lado está la comodidad del tiempo que a veces un trabajo deja, es decir trabajamos 9 horas al día por 5 días a la semana y el resto del tiempo nos queda libre para compartir con nuestros amigos, familiares o con nosotros mismos en cualquier actividad que queramos, en cambio un emprendimiento significa estar 24/7 disponibles para el proyecto, desvelos, cancelar actividades y muchas cosas más, claro está desde un punto de vista extremista y negativo, pero imagine que al ser usted su propio jefe, tiene todo su tiempo disponible a la hora que usted quiera, a veces la gente olvida que lo más valioso que existe no es el dinero, sino el tiempo y es el recurso que más se gana con el emprendimiento. Durante los años he conocido emprendedores que le dicen a uno "Lánzate antes que los pies se congelen" y otros que dicen "Haz tu emprendimiento en tu tiempo libre, cuando ya tenga éxito, deja el trabajo que estas, juega a la segura", pero entonces ¿a quién hacemos caso? Como en la auditoría, siempre hay un depende y es que las circunstancias de todos no son la mismas, cada uno está batallando en un campo diferentes y es allí donde tenemos que ver donde estamos parados, hay que hacernos algunas preguntas al momento de emprender, ¿Tengo ahorros?, si tengo algún dinero ¿Cuánto me durará?, ¿En cuánto me empezará a dar ganancias mi emprendimiento?, ¿tengo una ruta a seguir?, ¿Cuál es mi plan de negocio?, es de tener claro que mi postura es tirarte del acantilado, pero asegurándote que tengas un paracaídas en tu espalda.

Puede ser el caso que usted vea muchos negocios en su día a día, están las grandes empresas y aquellos pequeños emprendimiento que son la mayoría en el país, pero sucede el caso que por ejemplo a los 7 años por primera vez su padres lo llevaron a comer baleadas a la glorieta de doña Inés, quedo enamorado del sabor y empezó a ser durante los años un cliente recurrente, han pasado 20 años y la glorieta sigue la misma, tal vez han puesto un televisor, pero sigue viendo a doña Inés como todos los días atendiendo y cocinando, las mismas mesas de hace 20 años y el mismo menú desde su niñez, claro que puede pasar por desapercibido algunos detalles, pero al final del día usted nunca se pregunta por qué dicha glorieta no ha crecido a ser un restaurante, tampoco se pregunta si la comida es tan buena porque no tiene más sucursales, al final una glorieta doña Inés le caería muy bien a la par de su lugar de trabajo, y así como ella, existen muchos emprendedores que no pasan de lo mismo, desde que inician su emprendimiento. Como todos sabemos los humanos, pasamos de bebe a infante, luego a adolescentes, posteriormente jóvenes adultos, adultos y finalmente ancianos, es el ciclo de la vida normal; tanto como los humanos o cualquier animal y planta en la tierra, las empresas también tienen o deberían de tener un ciclo de crecimiento, empezando muchas veces en Microempresas, pasando a pequeña empresa, luego a mediana empresa, gran empresa y luego ya una multinacional y gran corporación, pero como doña Inés muchas veces los emprendedores se estancan y no hacen crecer las empresas ya sea por conformidad, por falta de apoyo, otras veces por miedo y en muchas ocasiones por la combinación de todo esto.

Como hablamos con anterioridad, usted probablemente conoce a alguna doña Inés, ese emprendimiento que tiene un potencial de crecimiento y nunca lo hace, tampoco nos enteramos del porqué, aunque es notable que muchas veces, como cuando estamos en un trabajo nos estancamos, las personas ven que con su nicho de mercado pueden vivir cómodamente y ya no necesita expandirse, al final, expandirse requiere más trabajo, contratar más gente y por ende salirse de su zona de confort, entonces ellos se preguntan ¿vale la pena? Para muchos es obvio que la respuesta es no, por ende las empresas no crecen esto debido a que los mismos emprendedores no la hacen crecer, olvidamos que el emprendimiento es una entidad aparte y no somos nosotros y es allí donde se tiene que aprender a hacer la diferencia. Un fin de semana cuando con mi pareja fuimos a visitar a una amiga, la cual tenía un emprendimiento de hace dos años, como cualquier contador me gusta saber de la parte económica del negocio, saber cómo están sus finanzas y esos temas relacionados, le consulté cuanto había facturado los últimos meses, pero no sabía, lo que sabía es que le había ajustado para sobrevivir esos meses, cuando le consulté si tenía algún salario establecido solo se río, "para que" me dijo, "es mi empresa, entonces todo el dinero es mío" concluyó, en ese momento decidí mejor no continuar preguntando.

El emprendedor tiene que saber separar sus finanzas personales, de las finanzas de su emprendimiento, de su empresa, ya que uno es diferente al otro. Probablemente ahora usted, si ya tiene un emprendimiento, no esté de acuerdo con lo que menciono, que como mi amiga no crea que hay que separa una de las otras, ya que es lo mismo, que al final el dinero va ir a su bolsillo o probablemente ya haya escuchado antes esto que le estoy mencionando, lo leyó en alguna página de internet, en algún libro que leyó hace unos años o en algún curso recibido, pero pensó que llevar esta separación solo le llevaría más trabajo, entonces no valía la pena, suficiente con el trabajo que ya tiene en elaborar sus producto. Entonces, ¿para qué llevar estas finanzas separadas? Existen muchas respuesta para la misma, lo primero que hay que recordar es que su empresa, no es usted, pero usted si es su empresa (luego abordaremos esta parte), entonces usted aunque sea el dueño, es empleado de la empresa misma, por lo que debe establecer desde un inicio cuanto será su salario, este dato le ayudará no solo a llevar un control en cuanto a la parte financiera, pero también a establecer el costo de sus productos y posteriormente el precio de los mismos. Luego lleve una pequeña contabilidad, muchas veces creemos que es necesario tener un contador para los mismos, aunque si lo ocupamos principalmente en la parte de los impuestos y se puede contratar uno como Outsourcing es importante que usted lleve un control de sus ingresos y gastos, lleve sus anotaciones diarias de los mismos, así podrá ver al final de cada mes la situación económica de sus emprendimientos y tomar las mejores decisiones para su emprendimiento. Recuerde que tiene que definir si su emprendimiento va ser un proyecto a corto o largo plazo, si lo ve como algo a largo plazo, llevar el control de sus finanzas es muy importante, ya que al tener un orden del dinero de la empresa podrá seguir ampliando sus operaciones, ya que vera con cuanto cuenta de efectivo, de inventario, cuentas por cobrar y por pagar, su capital invertido, sus gastos recurrentes e ingresos fijos y variables, llevar un control y separación hace que como una planta que se riega a menuda, se limpia la maleza y se le pone abono, esta crezca fuerte y sana.

Además del dinero, hay muchos factores que hacen que nuestros emprendimientos sigan creciendo, utilizando nuevamente el ejemplo de las plantas, el control financiero es el agua que se riega a esta planta llamada emprendimiento, pero además de agua se necesita el abono y la luz solar, entonces ¿cuáles serían el abono y la luz solar en nuestra planta? Pues ahora hablaremos de la organización de nuestro emprendimiento y cómo podemos mejorarlo o hacerlo, si no tenemos. Es muy normal ver que en nuestro emprendimiento no se lleve un orden de la organización, claro se inicia con una persona y esta es el administrador, el contador, el técnico, el de compras, redes sociales y cualquier puesto que se nos ocurra, el problema aquí no es que usted como emprendedor haga todas las actividades, sino que no tiene organizado el momento que lo hará y ahora pensará, "¿acaso es posible?, a veces ni tiempo de comer me da"; y allí es donde está el abono que necesita nuestra planta. Debido a que no llevamos una organización de las actividades y sobre todo como será llevada nuestra organización, hacemos todo a medida vaya saliendo lo cual a veces acumulamos y entonces es cuando no nos ajusta las 24 horas del día, pero como sabemos nada en vida es imposible. Dice Michael E. Gerber en su libro *El mito del Emprendedor*, que se debe de crear un organigrama y detallar las funciones que cada puesto desempeñar, yo sé que en este momento usted ha de pensar que es una locura, solo usted es la empresa y no hay nadie más, por lo que ¿Cómo podría hacer un organigrama?, el mismo Gerber en su libro, narra cómo este se encuentra conversando con una persona conocida a él que tiene una pastelería, esta persona se encuentra con la misma duda que usted en este momento, ya que ella es la única persona trabajando, entonces él le aclara que su organigrama no tiene que ser en función a como esta en este momento, sino como quiere que este la empresa en el futuro, de esta manera a medida usted crezca en empleados, estos solo se vayan llenando en los espacios, los mismos ya tendrán claro su cadena de mando y las funciones que debe realizar. Además de esto, usted debe crear un calendario de actividades, organizando por días las funciones que realizará, de esta manera se compromete a llevar como si fuese cualquier trabajo el tiempo más organizado, sé que parece difícil porque ¿Qué sucede si aparece una venta? Entonces con esta y otras premisas es que debe disponer una hora para entregas, todo va depender del producto que usted maneje, pero llevar una buena organización le permite pagar a tiempo, llevar una buena organización de sus cobros y sobre todo tener horas dedicadas solo a la fabricación de sus productos, así también puede ver qué actividades dentro de su emprendimiento son prioritarias a otras y disponer más tiempo para usted, sus salidas con su familia y amigos, su descanso adecuado y más.

Como ya hemos visto, llevar el control financiero y un orden en nuestras actividades y funciones, ayudarán a nuestra planta a crecer cada día, pero aún existen otros puntos que faltan y es la parte más administrativa, esa que hacemos a modo de intuición pero que no dejamos establecida en papel, han visto como muchas veces ya sea en su emprendimiento o en los diferentes emprendimientos que conoce suele existir frases como "Solo yo sé hacerlo bien", "No entienden como se hace bien", el "solo yo" es un constante, causando la frustración del emprendedor y que sin duda del empleado o la persona que ayuda al mismo, esto sucede porque no tenemos políticas y procedimientos diseñados para las diferentes actividades del emprendimiento. Siempre visualicemos nuestro emprendimiento como la empresa que queremos que sea en el futuro, imagine que su emprendimiento actual o futuro emprendimiento que realizara, tiene tanto éxito que usted solo no se da abasto o dado que ya ha aprendido más de finanzas y los temas entorno al mismo, decide abrir más sucursales en otras partes, usted entonces no puede estar haciendo todo en ambos lados, se explotaría más de lo que puede estar en su actual trabajo, entonces ¿Cómo seguimos manteniendo la calidad de nuestros productos? Dejando detalladamente como se hace. Imaginemos que tenemos un emprendimiento de comida rápida, digamos que es de hotdogs, hay que dejar en un procedimiento establecido donde indique cual pan utilizar, donde se adquiere el mismo, que tipo de carne llevara el hotdog, cuales salsas y cuanto de las mismas, si usted contrata a alguien inicialmente le dará el entrenamiento básico, pero el siguiente día que usted no este, ¿Cómo esta persona recordará aquello que usted le dijo? Sin duda que podría llamarlo y preguntarle, pero ocasionaría el clásico "solo yo", entonces con un procedimiento establecido, al alcance de la lectura de su empleado, sin problemas este podría leerlo y realizar el hotdog tranquilamente, con la calidad que usted ya dejó establecida.

Recuerde que su empresa debe de seguir en funcionamiento aunque usted no se encuentre en la misma, anteriormente dije que es importante recordar que su empresa, no es usted, pero usted si es su empresa, y con el mismo hay varios puntos que quiero dejar claro en esa frase, la primera es que nosotros somos la imagen de nuestra empresa, por lo que cualquier cosa que hagamos afectará nuestra empresa, entonces hay que siempre mantener una imagen buena para salvar la empresa de cualquier mala imagen. Lo segundo a recordar es que la empresa debe tener todo establecido para que la misma funcione sin que usted se encuentre en la misma, imagínese que un día saliendo del cine sucede un accidente que lo hace caer en coma, imagine que usted y su familia más cercana (ya sea que tenga hijos, cónyuge o padres que dependen de usted) dependen solo de su emprendimiento, es la fuente de ingreso que genera el flujo de efectivo necesario para vivir, ¿seguirá en pie su empresa por todo el tiempo que está en coma?, ¿sabrá su cónyuge, hijos o padres como continuar el emprendimiento? Si su respuesta es sí, lo felicito en este momento y lo invito a seguir la buena organización que tiene, si su respuesta es no, entonces es momento de actuar, no espere a que un evento de dicha magnitud suceda o algo más leve para crear conciencia, es sabio aquel que actúa antes que la tragedia ocurra.

Lo invito a leer el libro antes mencionado, *El mito del Emprendedor* de Michael E. Gerber, el cual además de los temas aquí discutidos de una manera más sencilla, el aborda mucho más los puntos detallados y otros que sin duda va ser de mucha utilidad para su emprendimiento, a mí me ayudó mucho y me enseñó a abrir los ojos en áreas que no tomaba importancia, es por eso que lo recomiendo, así como le sigo recomendando que lea todo lo que pueda, cada nuevo libro es un nuevo aprendizaje.

El último consejo que puedo darle es mantenerse constantemente innovando, recordemos que así como un teléfono celular de un año a otro pierde más de la mitad de su valor por los nuevos modelos que lanzan al mercado, lo mismo pasa con nuestros emprendimientos, si no nos mantenemos en una constante evolución, se corre el riesgo que los productos ofrecidos pasen de moda y la empresa empieza a decaer en ventas, llevándonos al abismo de la quiebra, algo que nadie planifica y el cual no se quiere experimentar. Mantengámonos informados de las tendencias en nuestro mercado, hablemos con nuestros consumidores, veamos que está de moda a nivel global, la innovación tiene que ir de la manera en nuestros emprendimientos para que estos crezcan y no mueran.

Capítulo 7
Hablemos de Otras Maneras de hacer Dinero

Si algo se le puede agradecer al internet, no solo es la globalización, pero las nuevas formas de hacer dinero que el mismo trajo, a medida que la tecnología avanzaba y puso en nuestras manos teléfonos celulares, una conexión más rápida a la información del mundo y un reconocimiento mundial mediante las redes sociales, lo que permite que sea más fácil hacer dinero en este siglo, no es entonces raro ver noticas donde nos indican que en el siglo 21 cada año hay más millonarios a nivel mundial. Hace unos años atrás estuve mucho tiempo soltero, por lo que utilizaba con frecuencia la aplicación de Tinder para conocer personas, claro no suelo ser prejuicioso con las personas y siempre me intereso en conocer las personas, con eso de que cada persona es un mundo, las anécdotas que uno llega a encontrar son geniales, claro normalmente cuando uno intenta conocer a las personas, la pregunta para saber de qué viven es lo más normal a realizar, sin duda que a uno le digan "vendo fotos de mis pies" para vivir, es solo una de las tantas respuestas tan normales hoy en día, pero que hace 20 años esto sería fuera de lo normal, probablemente es algo que no existía como hoy en día.

Al tener un teléfono celular con acceso a internet, se tiene también la posibilidad de aventurarse en diferentes plataformas para hacer dinero, desde intercambio de monedas en el Forex, vender fotografías en OnlyFans o Cryptoarte como NFT en OpenSea. Existen una vasta variedad de maneras hoy en dia, solo usando el celular y una computadora, el mundo cada día va más hacia la tecnología y saber utilizar las redes sociales es tan importante hoy como usar el Excel.

Cuando tenía unos 13 o 14 años, recuerdo entrar a YouTube a buscar videos de sirenas reales o mejores jugadas de Ronaldinho, de vez en cuando miraba uno videos de personas haciendo bromas u otras actividades, pero las cosas cambian, un día me encontraba leyendo noticias, cuando apareció en mi pantalla de la computadora el encabezado, *Los diez youtubers que más dinero ganaron en 2021 en todo el mundo*, y me dije a mi mismo, ¿Porque no leerlo?, y entonces veo dentro del cuerpo que dice "Según Forbes, se estima que los diez youtubers mejor pagados del mundo ganaron 300 millones de dólares solamente en 2021. (Vanguardia, 2022)" y más aún mi sorpresa al ver que dentro de los 10 se encontraban dos niños que ganaron $28 y $27 millones respectivamente, cifras que en el corto plazo está muy difícil poder ver o tal vez algún profesional que conozca a conocido y estos niños van allí generando en un solo año. Sin duda que, aunque por un momento los números me sorprendieron, al recapacitar pude entender que era algo normal, es decir si lo vemos de otro punto de vista, YouTube es una plataforma de entretenimiento como si tuviéramos televisión por cable, pusiéramos cualquier canal de entretenimiento digamos History Channel y empezaran estos shows que nos entretienen, a veces hay algunos programas que no nos agrada y cambiamos a otro canal, lo mismo pasa con YouTube, hay contenido para todos y de todo, por lo que las millones y millones de reproducciones, funcionan como los ratings de televisión que utilizan las cadenas para vender sus espacios de anuncios, tal vez al final del día $300 millones incluso sea poco, comparado con la televisión tradicional. Probablemente al ver las cifras usted diga, "tal vez es momento de hacer videos de YouTube" y sin duda es algo que podría hacer, solo recuerde que no todos a la primera empiezan a hacer dinero, la cantidad de dinero a recibir va ser de acuerdo a la categoría de sus video y de su país en el que se encuentre, por lo que debe definir adecuadamente sobre qué hará su contenido, muchas de estas personas empezaron los videos como un pasatiempo hasta que esto se hizo su negocio, además de esto para que empiece a monetizar(recibir dinero) tiene que tener un canal con 1,000 suscriptores y 4,000 horas de visualización, considere todos estos datos, vea muchos videos de YouTube donde los mismos creadores cuentan sus pasos a seguir, sus consejos y cómo hacer para que usted siga los pasos de ellos mismos. Recuerde a su vez, de tomar en consideración que necesita aprender a editar video, comprar su cámara y micrófono, ambientar su entorno y quitarse cualquier miedo escénico que tenga, luego vaya subiendo videos de manera constante y sobre todo tener paciencia para poder alcanzar la cantidad de público necesario para hacer de eso su trabajo diario.

Sin duda que cuando hablamos de trabajos y el dinero que genera YouTube, no está de más pasar de alto a Twitch y sobre todo a que sus streamers, si, los mismos que pasan jugando video juegos todos los días y viven de ellos, probablemente ahora se le vendrá a la mente cuando su mamá le decía "deja esos videos juegos y ponte a estudiar que esos juguitos no te van a dar de comer en el futuro", bueno probablemente si su mamá le hubiera dejado mejorar sus habilidades en los videojuegos ahora su vida sería diferente, leyendo una notica en un periódico deportivo en línea me cruce con una notica donde reportaban lo que gana un jugador profesional del videojuego FIFA, si ese juego clásico de FIFA que año tras año salen nuevas ediciones y que muchos corren por comprar, probablemente usted o un amigo lo tengan y juegan un rato cada noche para desestresarse y divertirse, como le comentaba, la nota decía, "De acuerdo con información de Esportsearnings, un ganador de la FIFA eWorld Cup podría embolsarse hasta 250 mil dólares por torneo, aunque estas cifras podrían incrementarse para los participantes de jugar también algunos torneos como el eChampions League Finals, la FIFA Global Series y la FUT Champions. (Goal, 2021)". Ahora así como el FIFA, hay más competencias y ligas mundiales que van tomando auge a medida los juegos avanzan, existen equipos deportivos que ahora también tiene su división de eSports con jugadores contratados y jugando en ligas establecidas. Pero incluso hoy en día con estos datos y más información a disposición de uno, sigue siendo probable que muchos padres estén en contra de que sus hijos pasan jugando y perfeccionándose en los videojuegos, no consideran el mismo un trabajo real, aunque la información muestre lo contrario. Recordemos que el mundo está cambiando más hacia la tecnología, recordemos eso cada día y si usted tiene hijos o en sus planes están tener, recuerde primero que el mundo en el que crecimos ya no es lo mismo que aquel el cual las futuras generaciones están creciendo y seguirán creciendo, por lo que un celular, unos casos de VR(realidad virtual) o una consola de videojuegos equivale a la pelota de futbol, el Tonka o los juguetes con los que crecimos, y segundo que los trabajos no son los mismos que antes, por lo que si nuestros hijos ven en su futuro trabajar como jugador profesional de videojuegos apoyemos esos sueños, no sabremos si será el futuro campeón mundial de algún videojuego y ganador de $250,000 en premios, además del agradecimiento que tendrá por apoyarlo en sus sueños.

Como habíamos hablado anteriormente existen ahora tantas aplicaciones para hacer dinero de una u otra manera que sin duda sobre salen a lo que imaginaria nuestra mente, cuando antes existían revistas eróticas como Playboy o Penthouse donde, hombres y mujeres compraban a veces incluso a escondidas para ver fotografías completamente desnudas y semidesnudas de las modelos, un modelo de negocios que duro muchos años incluso cuando la tecnología poco a poco migraba dicho contenido al internet, la pandemia ocurrida a inicios del 2020 por el covid-19 dio más expansión a las conocidas como Economías de plataformas o *gig economy*, al tener que estar encerrados en sus hogares, la gente tuvo que migrar hacia nuevas maneras de hacer dinero, plataformas ya existentes tomaron mayor auge, aquellas como YouTube y Twitch, las cuales también repuntaron se encontraron con otro tipo de participantes, paginas como Patreon, Fansly, OnlyFans, LoyalFans, entre otras hicieron que personas con cierto tipo de habilidades como carpintería, financieros, músicos, terapeutas, pusieran sus habilidades, consejos, comunicación en dichas plataformas las cuales por un cobro mensual recibían de sus "fans" ese dinero extra algunas veces o siendo su único sustento para sobrevivir, aunque existían desde años atrás, el encierro hizo que más personas migraran hacia estas nuevas tecnologías. Es probable usted ya haya escuchado el OnlyFans mencionado, pero nunca escuchó de algún músico en él, tal vez viene a su mente que la plataforma solo es para mujeres y hombres que suben fotos desnudas o eróticas a dicha plataforma y aunque si es muy frecuente el uso que se les da a los mismos para estas actividades, sin duda alguna, que, esta plataforma se puede utilizar para dar lecciones privadas, mostrar sus habilidades y secretos que la gente puede usar para generar más dinero, se puede aprender algo nuevo o también encontrar algunas personas de las finanzas las cuales le enseñan cómo invertir en la bolsa. Las plataformas de esta *gig economy*, tiene como ventaja que dentro del cobro realizado en las mismas la mayor parte del dinero pagado por el consumidor es pagado al creador del contenido, con una pequeña parte cobrada en estas plataformas para el manejo de la red, así mismo al ser una forma más sencilla de crear su contenido, no se necesita alquilar oficinas, tener permisos de operaciones o grandes tramites que podría llevarle tener consultorías fuera en una ciudad o dar clases en un colegio. Sin duda que estamos a inicios de dichas plataformas, las cuales sin duda a medida el mercado crezca y más personas se involucren en estas se verán mejoras en la tecnología y un mayor rendimiento económica para las personas.

Las aplicaciones en el celular son las que cada día se apoderan de nuestra atención, ya no es necesario hoy en día ir y comprar un periódico, ahora estos cuentan con su versión en línea para verla desde nuestra computadora y su aplicación para leer cualquier noticia en cualquier momento desde nuestro celular; hoy pasamos por las librerías y las encontramos vacías, a veces suponiendo que la gente ya no lee, pero cuando hablo con alguien me recomienda algún nuevo libro que leyó aunque nunca lo he visto con uno en mano, bueno desde que Amazon lanzo Kindle al mercado, haciendo que los libros pasaran de las hojas de papel al mundo virtual, ahora también desde nuestro tienda de aplicaciones podemos descargar aquellas con miles de millones de títulos de varios autores, algunas independientes que sin la tecnología probablemente nunca hubieses publicado su título, ni nosotros tener la dicha de leerlos.

Sin dudarlo el saber programación va ser en este siglo y en los siguientes tan importantes como en algún momento lo ha sido la mecánica, pero con tanta automatización que existe hoy en día los programadores y todos aquellos relacionados a la creación de programas, páginas webs y aplicaciones son y van a ser oficios muy demandados. Hoy en día existe una aplicación para casi todo, por lo que, con cada nueva idea que nace, la necesidad de una aplicación para la misma es de suma importancia, por lo que, cada vez se necesitan más personas que realicen la labor de crearlas. Sin duda que si usted ha estado pensando en qué puede aprender lo invitaría a tomar un curso de programación, créame que es algo que puede sacar rendimiento a un corto plazo y si es suya el proyecto que está programando y resulta ser todo un éxito, podría realizar una gran venta como lo hizo en su momento Elon Musk con PayPal.

Un amigo mío tenía una casa de playa que utilizaba solo en semana santa y dos semanas en las vacaciones de sus hijos, el resto del año la misma pasaba desocupada, esta era una herencia familiar, por lo que no le costó nada y el mantenimiento era económico, por lo que usarla solo en estos dos tiempos en el año para el suponía un buen trato, en una noche mientras cenábamos, mientras conversábamos dicha casa salió a la luz y le consulté si alguna vez había pensado en alquilarla en los días que no la usaba, él me dijo que lo había pensado pero que no se encontraba seguro, "además ¿Cómo?" me dijo, entonces fue cuando le hable de Airbnb y cómo podía publicarla en dicha aplicación, cuando le mostré la misma quedo fascinado por la idea, me dijo que leería más y se informaría bien, dos meses más tarde me invito a ver en mi teléfono como ya tenía su propiedad en marcha desde hace un mes, el cual le dio de prueba y le había dado un ingreso que antes no tenía. Como la aplicación de Airbnb que vino a cambiar los hospedajes, que antes era exclusivo para hoteles u hostales, otras aplicaciones como Uber, Indriver, Lyft, etc., cambiaron a su vez el sistema de transporte público, que antes era dominado por taxis, que ahora siente la presión de la competencia. Si usted en este momento tiene un vehículo que no utiliza o una habitación extra fuera de su casa o incluso tiene la intención de comprar una casa para alquilar, existen allí en el mercado muchas aplicaciones donde puede obtener un mayor rendimiento y llevar un control dentro de su celular, como mencionamos en capítulos anteriores, los vehículos y casas para uso propio no suele ser considerado para muchos como activos, sino como pasivos, pero ¿y si funciona de ambas formas? Podemos utilizar nuestro automóvil durante el día y ganar algo de dinero extra en las noches y fines de semana por Uber, incluso si tenemos una motocicletas podemos entrar a una plataforma de Delivery como Hugo o Rappi, los cuales tuvieron más auge y demanda durante y después de la pandemia.

Así como existen aplicaciones para casi todo, muchas páginas webs también le dan la oportunidad de ganar dinero, haciendo cosas que a veces suenan demasiado bueno para ser verdad, porque díganme, ¿quién le creería a alguien que les dice que pueden ganar dinero solo por llenar encuestas? Pero hoy en día esto es posible, páginas como *Timebucks*, *Lifepoints*, *Surveyeah*, entre otros que le dan la opción de ganar dinero en sus ratos libre, llenando encuestas, viendo video, entre otras actividades que a veces desconocemos y están allí a la palma de la mano. Es muy importante que sepamos utilizar la tecnología a nuestro favor, ya sea para encontrar la manera de llenar nuestros bolsillos con actividades tan sencillas como llenar una encuesta o probar una nueva aplicación, o también el encontrar libros para llenar nuestra mente y páginas de internet de aprendizaje.

Como les he mencionado, el aprendizaje es algo sumamente importante hoy en día, cada vez algo nuevo está sucediendo en nuestras narices y el conocimiento que adquirimos hace un año, es obsoleto en los siguientes 6 meses, con el mundo tan veloz en el que vamos, la gente se arriesga más a crear nuevas tecnologías sacadas de novelas de ciencias ficción, por lo que estar en constante aprendizaje, nos asegurara saber nuevas formas de hacer dinero. Una tarde cualquiera mientras estaba viendo videos de YouTube, me encontré con el canal de "Emprende Aprendiendo", una plataforma de aprendizaje española, muy enfocada a los emprendedores y cualquiera que quiera emprender, para llevar su negocio paso a paso; a su vez viendo dicho canal, me encontré más adelante con Platzi, una plataforma de aprendizaje latinoamericano con cientos de cursos y taller online, además de contar con un gran respaldo de empresas como IBM, Google, Microsoft entre otros, por lo que podemos aprender a un costo bajo y aprovechar esas horas libres que tenemos y que luego nos servirá para emprender, entender mejor las finanzas e invertir nuestro dinero. Tal como esas plataformas, existen otras que nos ayudarán a entender mejor el presente y el futuro de la tecnología y la automatización, que son los espacios a los que nos aventuramos, o bueno para que entendamos mejor, hacia el Metaverso el cual la tecnología se va aventurando.

Ahora es probable que haya leído Metaverso y quede pensando ¿Qué es eso? De la manera como lo hizo una compañera en el trabajo cuando se lo mencioné, pero está bien, porque estamos aquí para conversar del mismo y conocer un poco más. Es probable que haya escuchado del libro *Ready Player One (2011)* del autor Ernest Cline, o bien su adaptación como película de la mano del gran Steven Spielberg, sino para entrar un poco en contexto, trata la historia de un joven que está en busca de tres llaves en un mundo virtual (El Oasis), donde el creador del mismo aseguró una vez muerto, que, quien encontrase las tres llaves le daría acceso a un huevo, el cual le daría a dicha persona el control de El Oasis y la fortuna del mismo, sino han visto la película o leído el libro, les recomiendo lo hagan, porque aquello que parecía ciencia ficción, está por convertirse en unos años en una realidad. A finales del 2021, Mark Zuckerberg anunciaba el Metaverso, el siguiente pasó del internet, y es que como en la libro/película, antes mencionaba se pretende que además de nuestra vida cotidiana que tenemos, exista de forma paralelo un mundo completamente virtual, donde será posible, comprar y vender bienes y servicios, trabajar, tener reuniones y todos aquello que realizamos en el mundo real. Entonces se ha de preguntar "¿Qué me importa eso?", la respuesta a la mismo seria "Mucho", y es que como hemos venido hablando, el mundo va cada vez más hacia la tecnología, la inteligencia artificial y la automatización, por lo que en estos momentos que estamos en la etapa de la concepción de toda esta tecnología es cuando debemos de nutrirnos, en diez, veinte, treinta años, se necesitaran expertos del tema y es aquí donde nosotros estaremos listos, donde vamos a poder desenvolvernos en un mundo globalmente tecnológico y donde muchos de los negocios se harán con un casco VR en nuestra cara. Sin duda que el Metaverso albergara mucho de la tecnología ya existente y aquella que se ira creando a medida el mismo avance, por los momentos además de la programación, el diseño gráfico, el marketing y todo aquello creativo donde el humano no puede dejarlo a una máquina; hemos coexistido con una tecnología que avanza cada día y que se le da cada vez un uso más cotidiano aunque a veces no lo veamos, es la tecnología del blockchain.

Para que ambos estemos claro, tenemos que definir, ¿Qué es el blockchain? Probablemente usted haya escuchado ya anteriormente dicha palabras u otras relacionadas a la misma como son las Criptomonedas, Criptoactivos, NFT, Contratos Inteligentes, entre otros, pero es algo que para muchos es completamente nuevo y que hemos escuchado poco o nada del mismo. Ahora bien definamos el concepto, "Blockchain es un libro mayor compartido e inmutable que facilita el proceso de registro de transacciones y de seguimiento de activos en una red de negocios. Un activo puede ser tangible (una casa, un auto, dinero en efectivo, terrenos) o intangible (propiedad intelectual, patentes, derechos de autor, marcas). Prácticamente cualquier cosa de valor puede ser rastreada y comercializada en una red de blockchain, reduciendo el riesgo y los costos para todos los involucrados. (IBM)" Recuerdo que cuando escuché por primera vez hablar de las Criptomonedas, el cual es sin duda la forma de usar el Blockchain más popular que hay, muchas personas decían que la misma no era confiable, dado que se podía usar para lavar dinero y muchas cosas ilegales, y aunque incluso ahora pensemos igual, es importante saber que dado que las mismas están en una blockchain, debido a que la misma es un libro de contabilidad abierta, cualquier pude rastrear dichos movimientos, por lo que esta tecnología nos permite ver como las cosas van de punto A al B, luego al C y consecutivamente hasta llegar a su origen y su condición actual. La tecnología del blockchain se ha venido implementando en muchas áreas desde rastrear los huevos que consumes como lo está implementando la compañía Grupo Avícola Rujamar en España, hasta almacenar registros médicos de pacientes con fines de seguro con MetLife en Estados Unidos, son muchas las compañías que utilizan dicha tecnología y en una economía en desarrollo como lo es la Hondureña, saber de estos temas nos puede ayudar a incursionar en un nicho de mercado que hasta el momento no está siendo explotado, imagine que si usted se especializa en esta tecnología, tiene todas las industrias para brindar soluciones y con una competencia reducida, incluso si usted está pensando en emprender, iniciar una compañía tecnológica que brinde soluciones con la blockchain le atraerá muchos clientes. Si quiere aprender un poco más de este tema, ya sea porque le puede llegar a interesar para emprender, es curioso, quiere aumentar el conocimiento, por que como sabe, "El conocimiento es poder", entonces le recomendaría leer el libro *Blockchain for Dummies* de Tiana Laurence, recuerde esto como una puerta a un mundo donde irá conociendo más títulos, más artículos, y donde la inversión que haga será poca comparado con los beneficios que la misma le va traer a el futuro.

Ya entrando en materia en relación al blockchain es importante hablar de cómo sacarle ahora el provecho, sin ser un gran experto en la manera y la forma en que muchas personas están haciendo ahora y que han venido haciendo por un tiempo es la inversión en Criptoactivos. Antes de continuar vamos a definir que son los Criptoactivos, "Es un activo digital con un valor presente, del que se espera obtener beneficios económicos a futuro. Se configuran a partir de unas técnicas de cifrado que proporcionan las llamadas estructuras DLT (bases de datos que procesan información de manera descentralizada). Existen dos tipos básicos de

Criptoactivos: Las Criptomonedas y los tokens fungibles y no fungibles. (Asufin, 2021)" Hay varias cosas las cuales rescatar de dicha definición que debemos hablar para entender más abiertamente el concepto, lo primero es que en los Criptoactivos como las acciones en los mercados bursátiles, esperamos obtener beneficios en el futuro, por lo que es una inversión la que realizamos. Lo que he aprendido durante los años es que los Criptoactivos son una inversión a largo plazo, por lo que es importante mantenerlo por un largo periodo para obtener grandes rendimientos de los mismos. Lo siguiente a notar es la estructura de la misma, esta se procesan de manera descentralizada, por lo que la información está continuamente distribuida en varios servidores alrededor del mundo y no en uno, y así como lo pensaron, los servidores que se utilizan son de todos aquellos que participan en el mundo de los Criptoactivos, por lo que si una computadora cae, todo sigue normal. Finalmente encontramos como están divididos los Criptoactivos en: Criptomonedas y Tokens (fungibles y no Fungibles) de esto ampliaremos más.

Cuando en el año 2008, alguien o algunos con el alias de Satoshi Nakamoto (su identidad aún se desconoce), dio un paso hacia el futuro enviando a un grupo de correos electrónico un documento digital, también llamado *White Paper* (Papel Blanco), con el título *Bitcoin: A Peer-to-Peer Electronic Cash System* (Bitcoin: Un sistema de efectivo electrónico de igual a igual) , en el cual explicaba el funcionamiento de un nuevo sistema de efectivo electrónico peer to peer(persona a persona) sin un tercero de por medio y en 2009 lanza dicha red de código abierto que funciona con la tecnología Blockchain llamado Bitcoin. Desde allí el resto es historia como dice el dicho, pero es verdad que las Criptomonedas son una montaña rusa en cuanto a los precios, de valer prácticamente nada, el Bitcoin, el cual es la primer Criptomoneda en existencia llego a tener un valor superior a $66,000 por cada Bitcoin en Octubre de 2021 y algunos entusiastas en el mundo de las Criptomonedas estiman que la misma puede llegar a valer $100,000, lo cual suena algo exagerado de suponer, pero si es cierto que por muchos años habían predicho montos superiores a los centavos de dólar que empezó valiendo, luego los cientos y finalmente los miles, de algo es seguro, invertir en una Criptomoneda es un riesgo alto, por lo que los beneficios a su vez pueden llegar a ser altos. El primer consejo si se quiere invertir en este tipo de Criptoactivos es informarse bien de las mismas, vayan a YouTube y vean videos de inversiones en Criptomonedas, consulten los precios de los mismos y denle seguimiento en páginas como Coinmarketcap.com, Coinbase, Binance, entre otros, infórmese de las billeteras digitales existentes y cómo funcionan. Muchas personas creen que comprar Criptomonedas o el funcionamiento de las mismas es Ciencia de Cohetes o Física Cuántica, cuando en realidad al leer y empaparse más y más de dicho conocimiento el camino se vuelve cada vez más claro, a continuación algunos pasos a considerar si se desea comprar Criptomonedas:

1.- Informarse bien como trabajan las Criptomonedas, leer los Whitepaper de las mismas y ver si es una inversión que necesita y quiera realizar. Si no se siente seguro, no lo haga, nadie le criticara por no invertir en las mismas, siempre es mejor entender bien donde pondremos nuestro dinero.

2.- Abrir una billetera digital o Wallets, por que el dinero se tiene que enviar y recibir de algún lado, de estas hay varias, averigüe cual le conviene más y cual trabaja mejor en el país que se encuentre, algunos ejemplos son Blockchain.com, Exodus, Mycelium.

3.- Invierta poco dinero, es de recordar que como todo lo nuevo siempre hay preocupaciones que debemos de tener y lo mejor es ser cauto, no venda su vehículo e hipoteque su casa solo para contar con el dinero necesario para comprar Criptomonedas, recuerda que estas suelen ser muy volátiles en su mayoría. Vaya invirtiendo paulatinamente a medida se sienta más seguro con estas.

4.- Elija la plataforma donde realizará las transacciones, como existen en las acciones diferentes mercados bursátiles, existen en el mundo de las Criptomonedas diferentes plataformas donde comprar y vender las mismas, Coinbase, Cashapp y Binance son de las más conocidas y que mantiene una constante nivel de transacciones, por lo que puede investigar cada una de ellas, ver cual funciona correctamente en su país para realizar las transacciones.

Es importante siempre recordar que entre más se pregunta más conocimiento se tiene, no tengamos miedo de preguntar si estamos interesados en invertir nuestro dinero en esta nueva manera de inversión que la tecnología nos ofrece. Han sido tanto el impacto de las Criptomonedas que países como El Salvador legalizó la misma como moneda de curso legal en el 2021 y aunque cada día nace una nueva Criptomoneda, es de ser cautos en estafas que pueden surgir. Muchos países como China, Estados Unidos, entre otros, han iniciado las investigaciones para crear monedas virtuales, equivalentes a las moneda que conocemos, el dólar virtual, el yuan entre otros pueden surgir en los próximos años, haciendo competencia a las Criptomonedas ya conocidas como Bitcoin, Ethereum, Dogecoin, Cardano, entre otros, por lo que el futuro se ve que va en dirección de la moneda virtual, ¿Cuál será el rey? Eso lo dirá el mercado, pero sin duda en un mundo dirigido hacia el Metaverso, es más que obvio que las transacciones en las mismas se llevaran mediante Criptomonedas. El público decidirá en el futuro si seguirá utilizando monedas centralizadas (el gobierno rige sobre ellas) o monedas descentralizadas.

Aunque las Criptomonedas es sin duda el Criptoactivo más antiguo que existe, la tecnología del blockchain nos dio a su vez otro tipo de inversión como son los Tokens, de las cuales los mismos se dividen entre los fungibles y los no fungibles. Ahora definamos, ¿Qué son los tokens? "Un token es un activo digital que puede representar cualquier cosa: valores, productos financieros, coleccionables virtuales... A su vez, los tokens pueden ser fungibles o no fungibles, siendo las primeras unidades de valor idéntico, imposibles de diferenciar y los no fungibles activos únicos y escasos, como obras de arte digital. (Asufin, 2021)" Vamos a empezar enfocándonos en los token fungibles, estos son muchas veces sinónimos de Criptomonedas y es que de cierta manera van de la mano, para diferencias una de la otra es importante saber dónde han sido creadas, las Criptomonedas se ejecutan en su propia red de blockchain, mientras que los tokens son creados en una red de blockchain existente. Tenemos entonces muchos tokens como Tether o DAI, conocidos también como Stablecoins o Monedas Estables en español que su valor va asociado a una moneda Fiat como es el Dólar, esto con el fin de brindar un monto estable a sus inversionistas algo que contrarreste la volatilidad de otros Tokens o Criptomonedas como el Bitcoin o el Ether (Criptomoneda del blockchain Ethereum).

Los tokens que más han tomado relevancia en los últimos años son aquellos no fungibles, o más conocidos por sus siglas en ingles NFT (non fungible tokens), la cual tomaron muchas relevancias por precios exuberantes en sus ventas, pero como ya sabemos, debemos definir que son estos famosos NFT que hablamos, como hemos recalcado son bienes no fungibles es decir que no se puede intercambiar como un bien fungible por otro de igual valor, es decir para entender las dos caras de las moneda y que el concepto quede claro, un bien fungible es aquel como el dinero que podemos cambiar por otro bien fungible como otra moneda es decir cambiar Euros por Dólares, ambos son bienes con una cantidad y calidad, en cambio los bienes no fungibles es como el arte o la música, no puedo cambiar entonces una canción por una pintura, pero si puedo con un bien fungible, comprar un bien no fungible, es decir pagar "X" cantidad de dinero por una pintura. Bien ya habiendo resumido las diferencias y comprendidos mejor lo que un bien no fungible es, vamos a hablar de los NFT y como este

Criptoactivo está revolucionando al mundo. Es importante entender de primero que los NFT son creados en la blockchain de Ethereum, si, ese del que hablamos arriba y tiene su propia Criptomoneda que es el Ether, y aunque muchas personas creen que solo son imágenes que cualquiera puede copiar, será usted que al final saque sus propias conclusiones. Hay ciertas características que hacen a un NFT un NFT, estas son:

- Únicos: Todos los NFT tienen las características de ser únicos, no hay dos que sean igual, lo cual crea escasez de los mismos, como cuando una pintura se vende en una exhibición y trae consigo una hoja de autenticidad con la misma. Puede que al ser solo una imagen de internet yo le tome una captura de pantalla, la pegue a mi escritorio y tengo el NFT, pero al final ese no es el original como si tomara una imagen de la mona lisa, la imprimiera en una tela y la colgara con un marco en mi sala, puedo decir que es la misma pero no la original.

- Indivisibles: A diferencias de los bienes fungibles como las Criptomonedas y tokens las cuales se pueden vender en fragmentes, no puedo tomar un NFT y fragmentarlo para su venta, se vende en su totalidad.

- Indestructibles y verificables: Debido a que los NFT están registrados en la blockchain mediante un contrato inteligente, al mismo se le puede verificar su autenticidad y su historial, además que al ser un activo digital, este no sufre daños como incendio, humedad u otro que puede ocasionar los activos convencionales, además al estar en una blockchain esta es descentralizada, por lo que no hay una central donde se almacene los datos y que corra el riesgo de ser destruido.

Entre todas las características básicas y más extensas que pueden tener el NFT, sin duda que la verificabilidad de los mismos, es lo que hace el atractivo de los mismos y que puede dar más provecho en el mundo. Imagine que un amigo suyo le venda un par de zapatillas que él diga que son de marca y además un edición muy limitada, usted los ve y como amante de las zapatillas decide comprarla a un precio exorbitante, usted busca en línea las características y todo parece ser que está bien, solo existen 100 en el mundo y usted es dueño de un par único en su clase, vamos al futuro y usted se encuentra en twitter leyendo algunos tweets de entusiastas de zapatillas, cuando la imagen de un par de su mismas zapatillas aparece en su pantalla, por curiosidad usted entra y lee que "X" personalidad acaba de comprar todas las ediciones de esas zapatillas, usted queda anonadado ¿Cómo es eso posible? Usted tiene una de esas zapatillas, ahora las inspecciona de manera más minuciosa y se da cuenta que ha sido estafado, intenta contactar a su amigo, pero no obtiene respuestas del mismo y así puede suceder con muchas cosas de colección en el mundo u objetos que ocupan autenticidad, sin duda que anexar un NFT a los mismo podría darle una seguridad y verificación más correcta.

Ahora los NFT están siendo muy utilizado especialmente por artistas, debido a que pueden vender su arte de manera digital, los contratos inteligentes, le permiten que mientras su NFT se esté vendiendo, los mismos reciban una parte de las ganancias, algo que no sucede con algunas pinturas u otros artes, las cuales al venderlos, allí termina la cadena, obtiene su pago y no vuelve a saber de su arte, en los NFT mientras el mismo se siga vendiendo el artista sigue generando dinero, las regalías por las ventas son perpetuas. Muchos artistas no solo de las artes digitales como en el caso de Beeple (artista digital) venden su arte en el mundo de los NFT, también la música es muy vendida hoy en día, donde artistas crean ediciones únicas, las cuales son vendidas posteriormente como un NFT, claro que además de la canción traen más beneficios en las mismas, como ser sesiones privadas y mercancía únicas asociadas a dichos NFT.

Existen y cada día se crean nuevas colecciones de NFT, cayendo algunas personas en estafas al momento de comprar potenciales inversiones en ciertas colecciones y es aquí donde siempre le recomiendo que antes de invertir en cualquier cosa, aprenda del tema, aunque el mundo de los Criptoactivos puede sonar complejo y en parte lo es, estamos en una etapa temprana, es algo que lleva menos de 15 años de existencia, por lo que aprender del mismo es relativamente sencillo, dado que es algo nuevo de existir. Los proyectos de NFT se venden en muchas plataformas dedicadas al comercio del mismo, imagine un Amazon de NFT, siendo el más popular y el que mejor prestigio tiene OpenSea, cuando usted decida comprar un NFT tiene que tener muchas cosas en consideración siendo algunas lo siguiente:

- Sepa el precio que necesita invertir: Los NFT son en su mayoría vendidos y comprados con Ether, esto debido a que pertenecen al mismo blockchain de Ethereum, sepa cuanto va a necesitar para cambiar su Criptomonedas ya existentes por Ether o cuanto de dinero Fiat (dólar, euro, etc.) necesitara.

- Conozca los creadores del proyecto: Toda colección NFT es diseñada con una idea de proyecto, conozca las personas que están creándolos, si no ve una cara, nombre y apellidos de los mismos, es una alerta para no confiar.

- Lea y entienda el *Road Map* (mapa del ruta) de proyecto: Cuando se lanza una colección de NFT, esta viene con un *Road Map* definido, por lo que los mismos tienen una razón de ser, el *Road Map* le indica el por qué existe dicho NFT, que se hará con el dinero de las ventas de los NFT y los beneficios que trae la compra.

Recuerde que toda inversión tiene un riesgo, los NFT no son la diferencia, y aunque hemos estado hablando de la compra de los mismos como una inversión, también usted puede crear su proyecto NFT y poner a venta aquel meme que hizo de algún evento que sucedió, alguna fotografía suya o cualquier imagen, video, sonido o gráfico que usted crea puede ser vendido, pero recuerde, normalmente los NFT tienen un por qué de las cosas, entonces para hacerlo, usted también tiene que crear esa confianza para que alguien le dé su dinero, lea e infórmese muy bien, siempre recomiendo ver los videos de YouTube y ver como el mercado se está manejando, además de las noticias que día a día esta industria está manejando. Existen también juegos como Axie Infinity, CryptoKitties, DarkSpace, entre otros que mediante el juego le da la oportunidad de ganar NFT y posteriormente vender los mismos, por lo que si usted tiene un afán por los videojuegos y piensa en que otras maneras puede generar dinero jugando además de crear un canal de Twitch y YouTube, le recomendaría buscar dentro del catálogo de juegos NFT el que más le parezca atractivo y ganar dinero jugando.

Lejos de la tecnología, existe también otra forma de hacer dinero, que cada día toma más relevancia a nivel mundial, criticadas por muchos y alabadas por otros, una planta que ocasiona que volvamos a un tipo de agricultura diferente al que estamos acostumbrado, ilegal en casi todo el mundo, pero que poco a poco ha venido legalizándose y con ello ampliando un mercado que mueve miles de millones de dólares al año, probablemente usted ya este teniendo una idea de qué hablamos, o aún está pensando, pero sin duda que algo que en el futuro será rentable y que ya se puede hacer en muchos países es el cultivo y la venta del cannabis y productos derivadas e inspirada en la misma. Sin duda que ocasiona mucho revuelo hablar de una planta, satanizada muchas veces por la religión o por la idea que la misma ocasiona que la gente haga cosas indebidas, ideas trasmitidas en la mayoría de veces por gente que nunca ha consumido tal producto en su vida o ha estado en algún tipo de contacto, ahora abriendo el pensamiento vamos a hablar de cómo sacar rentabilidad en el mismo, no vamos a entrar tanto en el aspecto químico de la planta como tal y como esta se compone, sino como en los lugares donde la misma es legal se está haciendo negocios y en como esas mismas estrategias pueden implementarse en el país, si esta llegase a legalizarse o si usted, se encuentra en un país donde es legal, puede empezar a generar dinero en la misma.

La primera manera de sacar rentabilidad al cannabis es el cultivo de la misma, sin duda si no tenemos experiencia en la agricultura es probable que esta parte sea difícil, por que como cualquier planta que conocemos las mismas necesitan los cuidados adecuados de riego, abono, exposición a plagas, entre otros, por lo que en este tipo de situación podemos asociarnos a personas que manejan más el tema, realizar una cooperativa o sociedad, comprar los terrenos y ser un inversionista que pone el dinero y algún conocimiento administrativo que podamos tener. Así, como cualquier proceso de agricultura, la siguiente manera de sacarle rentabilidad al cannabis es sin duda la venta de la misma, ya puede ser por el cultivo mismo que nosotros podemos hacer y la cual hablamos al inicio de este párrafo o comprarle a los agricultores para nosotros venderlos posteriormente ya sea en una reventa pura del producto o ya manufacturarlo, en las múltiples presentaciones que se encuentran en el mercado. Ahora los productos que se pueden realizar con la planta varían entre los productos medicinales y aquellos recreativos, siendo el uso medicinal el más legal en muchas partes del mundo, pero muchos países como Uruguay, Canadá, Países Bajos y algunos estados en Estados Unidos, entre otros, es legal el uso recreativo de la misma, con un marco legal que regula a la misma. Ahora debemos definir a que marco nos dedicaremos si al medicinal, recreativo o ambos, ya que como sabemos lo que ocupamos es sacar el mayor rendimiento posible, todo va depender sin duda de las leyes en donde nos encontremos. En cuanto al uso de la planta, debido a los componente que esta contiene, se puede no solo consumir directamente la planta, sino que también tiene más usos, en el rubro de los cosméticos por ejemplo se utiliza la planta para cremas o productos de belleza, así mismo existe el uso del mismo en el área de la comida, utilizada en alimentos como parte del plato o agregado a los postres, probablemente muchos han conocido a alguien que ha comida los "brownies espaciales", la legalización permite que este se utilice en más productos dentro de los rubros antes mencionados.

Pero ahora usted, ha de pensar que todo esto se escucha como mucho trabajo, sin duda que lo es, sino piense en cuantas personas que usted conoce se dedica a la agricultura, probablemente no muchas personas, pero sin duda puede invertir en la tierra que se haga, igualmente si usted no quiere invertir mucho dinero, ya sea porque no lo tiene o no quiere verse involucrado con tierra en sus manos, puede ejercer otro tipos de negocios con el cannabis. Lo primero que se puede hacer es ser un experto en el cannabis, ¿Cómo lo hacemos? Leyendo y estudiando, como hemos hablado anteriormente tenemos que leer mucho del tema, especialmente de un rubro donde no hay tantos especialistas como uno podría llegar a pensar y más si en el país no se ha legalizado por lo que si ya tenemos el conocimiento antes de la legalización de un producto que día a día va tomando más relevancia en el mundo, la legalización llegará más temprano de lo pensado en todos lados, por lo que al ser un experto podemos posteriormente brindar el conocimiento y cobrar una buena cantidad de dinero al ser uno de los pocos en manejar el tema. En muchos lados del mundo, existen ferias de libros, microempresas, entre otros, con el cannabis no será la excepción, por lo que puede crear eventos para conectar emprendedores del rubro con futuros inversionistas, se cobra una cuota de entrada y está desarrollando a lo largo del año dichas ferias y encuentros. Es necesario tener los insumos para el uso del cannabis, por lo que montar una tienda de ventas de artículos para el uso de cannabis, así como productos conmemorativas, entre otras, puede ser el negocio que a usted puede interesarle y realizar, ya sea solo tener la tienda o de la misma manera crear su empresa para la fabricación ya sea artesanal o industrial de dichos artículos. Es sin duda un negocio que va en auge, a medida que se vaya legalizando en más partes del mundo los empresarios e inversionistas en este rubro del negocio, así como aquellos productores y productos con la planta o relacionada a la misma irán en aumento, por lo que tener un ojo en este nicho de negocio no está de más.

Las maneras de hacer dinero en el mundo son tan amplias como lo podamos imaginar, a veces hay cosas sencillas que no imaginamos puede tener grandes rendimientos y tener muchas ganancias, por lo que estar en constante aprendizaje es importante, con algo como un celular en la palma de nuestra mano, el no estar informados es un pecado que no podemos permitir. Sin embargo, es de tener mucho cuidado con los fraudes que están al rojo vivo y de lo cual hablaremos a continuación.

Capítulo 8
Hablemos de Fraudes

Recuerdo que de joven, al entrar a mi bandeja de correos electrónicos, llegaban los correos spam de un príncipe africano o de la alta realeza africana que ocupaba cierta cantidad de dinero y ofrecía pagar el mismo más una cantidad millonaria de compensación por haberle ayudado, está claro que esta se trataba de las miles y miles de estafas que empezaron a realizarse en el internet y de las cuales desafortunadamente muchas personas cayeron en la mismas, valiéndose de la bondad de las personas, lograron mediante el envió masivos de estos correos electrónicos recolectar millones de dólares.

Como la estafa mencionada anteriormente, existen hoy más maneras de estafar la gente, algunas de estas maneras existentes antes del internet, que hoy toman fuerzas con la tecnología y nuevas formas que han ido evolucionando y creando desde que el acceso al internet está más cerca a las personas. Hablemos del que más comúnmente conocemos como lo es el Phishing, probablemente en su trabajo le han enviado correos electrónicos alertándoles estar pendiente del mismo o incluso su institución financiera le ha advertido por sus múltiples canales de tener cuidado con el mismo, pero ¿Qué es el Phishing? En palabras sencillas son correos electrónicos, donde delincuentes se hacen pasar por alguna institución bancarias, comercio o a fin, en el cual al ingresar al enlace que los mismo comparten o contestan el correo, ingresan a su computadora robándole información privada, infectar su computador o hacerse transferencias y compras con sus cuentas bancarias, las cuales acceden mediante este engaño. Es de tener cuidado con nuestro correo y la información que recibimos, mucha de la gente cae en dicha trampa de forma inocente o ingenua, ¿Por qué? Fácil, muchas veces los correos son por premios de concursos a los cuales si no hemos ingresado o hemos oído, no hay necesidad de seguir la cola del correo, si uno no participa es ilógico haber ganado, luego muchos correos de instituciones bancarias son de instituciones que no utilizamos, lógicamente si no lo usamos ¿por qué vamos a considerar el correo? Luego tenemos que revisar bien los correos recibidos, porque si es una compañía seria de la cual recibimos el correo, ¿Cómo no va tener el nombre de la misma luego del @? Todas las compañías hoy en día tienen su propio correo empresarial. Reconocer el Phishing es fácil, siempre y cuando veamos, leamos y analicemos bien la información recibida y apliquemos nuestra buena dosis de lógica, tal vez usted, ahora piense, "¿correo electrónico? ¿Quién usa aun correos?" y aunque muchas aplicaciones de mensajería están remplazando el modelo de comunicación que los correos vinieron a innovar, es una herramienta aún muy utilizada para algo más formal. Vemos entonces, que, con dicho avance en la tecnológica, también los estafadores se han actualizado y ahora muchas aplicaciones también han sido utilizadas para las estafas.

Dado que las aplicaciones toman más relevancia cada día, los estafadores utilizando dicha puerta como entrada hacia nuestros celulares, nosotros les abrimos y gustosamente les damos acceso a nuestro móvil, el cual hoy en día es incluso más personal y confidencial que los diarios, si es que aun los adolescentes los escriben, en nuestro teléfono celular tenemos fotografías tanto públicas como aquellas que mantenemos en secreto, conversaciones confidenciales, nuestros correos electrónicos e incluso la información de nuestras tarjetas, por lo que muchos estafadores realizan muchas veces aplicaciones similares a aquellas que son populares, usando las mismas imágenes y palabras, por lo que las descargamos creyendo que son legítimas y finalmente caemos en sus engaños. Luego el uso de las aplicaciones de mensajería también son muy utilizados, personas utilizan información recolectada de nuestras redes sociales, para que mediante sus artimañas consiguen por ejemplo nuestro número de WhatsApp y escriben haciéndose pasar por familiares cercanos que necesitan dinero y es tanta la información que dan que muchas personas caen en las mismas, no asegurándose bien, por lo que perdemos el dinero en esa manera, tenemos que tener cuidado y siempre asegurarse, aprender a saber qué información compartir públicamente para que no caigamos en este tipo de engaños. Aún recuerdo el día cuando recibí mediante mi WhatsApp un mensaje que decía "hola como estas adivina quién está regresando del extranjero" de un número telefónico que iniciaba con 591 (código de país de Bolivia), ya anteriormente había visto algunas publicaciones en Facebook, sobre este tipo de estafadores, entonces pensé "voy a divertirme un poco" y sí que lo hice, quieren hacer engañar a la gente que un familiar regresa del extranjero y que ocupa pasen recogiendo unas maletas o reciba la misma, pidiendo información personal para hacer dichos actos, pero lamentablemente para ellos no funciono conmigo y al final recibí un audio de los mismo insultándome cuando se dieron cuenta que yo estaba vacilándolos.

Probablemente muchas veces ha escuchado frases como "Mentalidad de tiburón", "¿Quieres ser tu propio jefe?", "También serás millonario, esto es real" y muchas otras más que vienen acompañadas con una invitación a una conferencia, donde el celular no es permitido y el millonario en cuestión dando la información no lo conocen ni en la esquina de donde vive, bueno hablamos sin duda de las clásicas estafas piramidales, disfrazadas casi el 100% de las veces en empresas multiniveles, que mediante nombre pomposos y eventos elegantes, envuelven a la gente a "Trabajar para ellos mismos". Probablemente usted, no va estar de acuerdo que se hable mal de estas estafas por estar involucrado en uno, o tal vez usted concuerde con lo que dije debido a que en algún momento salió estafado o conoció a alguien que terminó en nada y ambos puntos se respetan, pero al final del día estas empresas multinivel tienen la misma estructura y forma de trabajo, que hace difícil que se diferencia una de otra, más por los nombres de las compañías y rangos o niveles que escalan las personas. Sin duda que siempre hay ganadores, pero, ¿Qué tanto? Bueno, dado que como todos sabemos las pirámides van desde una base haciéndose cada vez más pequeñas hasta llegar a un pico, en dichas estafas piramidales de multinivel, los ganadores vienen de arriba para abajo, siendo la base donde normalmente el dinero ya deja de fluir y queda en perdida, es importante notar aquí que las personas involucradas en estas estafas piramidales, ofrecen la idea de hacerse millonarios y llegar, a los niveles más altos de la organización, muestran personas que supuestamente se hicieron millonarios vendiendo los productos sobrevalorados de la organización como ser medicamentos, suplementos deportivos, pastas, cremas y cualquiera que se les ocurra y entonces si ellos pudieron usted también, pero hoy en día he conocido gente que ha caído en dichos engaños y por años no pasan de los mismo, pero claro el juego está en atraer más personas, hacer la pirámide más grande y usted alejarse de la base, donde estarán las nuevas personas que usted y los demás han traído. Tengamos cuidado en no caer en estas redes, donde al final del día solo nos dejara sin el dinero, recuerden que la única manera que legalmente uno puede hacerse millonario de la noche a la mañana es ganándose la lotería e incluso para eso, se necesita una gran dosis de suerte.

Recuerdo cuando vi en Netflix el documental de *El estafador de Tinder,* un documental excelente, donde se queda en evidencia el buen funcionamiento de un Esquema Ponzi y el efecto que el mismo deja en sus víctimas. Probablemente usted se pregunte ¿Qué es un esquema Ponzi? Bueno, es de conocer inicialmente que este mismo lleva el nombre de su creador Carlos Ponzi el cual a inicios de los 1900, creo dicha forma de estafar con sellos postales de correos, la idea principal del esquema es sencillo, recolectar dinero de una parte de los inversionistas, para luego con ello pagarle a otros, mientras posteriormente recolecta dinero de estos inversionistas, para pagarle a otros en el futuro y así va dejando personas estafadas en el camino, mientras en medio de estas transacciones los estafadores van tomando parte de este dinero recolectado. Para estar realizando un buen esquema Ponzi se necesita que haya un constante flujo de dinero, por lo que las estafas piramidales que anteriormente hablamos utilizan mucho este esquema. Debemos de tener cuidado, porque normalmente los esquemas Ponzi, vienen disfrazados de altos rendimientos para nuestros bolsillos, por lo que si nos dejamos llevar por la avaricia sin analizar bien, nos quedaremos sin nada más que la lección de vida por la estafa que nos realizaran. Siempre consideren que si alguien les ofrece de una forma rápida altos rendimiento y sin nada de esfuerzo, solo hay dos caminos, está haciendo algo ilegal o estamos a punto de ser estafados.

En una reunión con unos excompañeros de colegio, los cuales posteriormente fuimos compañeros de trabajo en una empresa, recordé sobre una estafa la cual ellos participaron, no como victimarios sino como víctimas. Esta era una clásica estafa piramidal llamada *"WakeUpNow"* (Despierta ahora en español y sí que los despertaron), como cualquier estafa ofrecían un producto que era en este caso suplementos medicinales y cada persona debía dar $100 y además para ir escalando niveles en la pirámide tenían que traer 3 personas que aportaran a su vez $100 cada uno, habían "pruebas" y mucha gente comentando que era un buen negocio al cual ingresar, por lo que hicieron una lista de

13 personas las cuales recolectaron el valor de $1,300 (más de L30,000) y siguiendo los pasos que la misma página web de la empresa les indicaban enviaron dicho monto en espera de obtener los beneficios que la misma brindaba. Las risas empezaron a surgir en la reunión, en especial de dos de ellos involucrados en aquel proyecto, yo recuerdo aun cuando hablaron del mismo hace años atrás y solo me dije a mi mismo "estos sin duda no saben que es una estafa piramidal", nunca supe el final de la historia hasta esa noche, donde finalizaron diciendo que cuando revisaron la página web de dicha compañía ya está les tiraba error, habían sido estafados por un total de $1,300, aunque si algo les debo de reconocer es que fueron sensatos en no involucrar más personas, esas 13 personas tenían cargos en la empresa que ganaban más que otros, por lo que el arriesgarse primero ellos, salvo a otras 60 personas que querían participar de dicha estafa.

Mantengámonos alertas a las estafas y leamos las noticias con regularidad, porque si algo tienen los estafadores es que se siguen innovando y no sabemos cuál será el siguiente fraude que está a la vuelta de la esquina.

Conclusión

Agradezco que haya llegado hasta el final, espero que el conocimiento que haya adquirido a lo largo de cada oración sea beneficioso para usted y lo motive a cuidar más sus finanzas personales y hacer crecer su patrimonio día a día. El camino es duro, pero no es imposible, ahora ya no podemos pecar de ignorantes, el conocimiento está en la palma de nuestras manos y así como leyó el contenido de este libro, lo motivo a seguir descubriendo más libros del tema y de otros temas que cada vez toman más relevancia.

Gracias nuevamente por acompañarme en este viaje y de abrirme las puertas de su mente, el cual espero haber nutrido con la espina de querer saber más. Es responsabilidad nuestra tener en orden nuestras finanzas y a medida tomemos la batuta de la misma el camino hacia un mejor futuro financiero estará en la palma de nuestra mano. Nunca tengamos pena de preguntar y seguir estudiando, no es culpa nuestra de dónde venimos pero si donde terminamos.

Bibliografía

Asufin. (9 de Diciembre de 2021). *ASUFIN TE INFORMA: ¿Qué son los criptoactivos? ¿Qué tipos hay?* Obtenido de Asociación de Usuarios Financieros: https://www.asufin.com/asufin-te-informa-que-son-los-criptoactivos-que-tipos-hay/#:~:text=%C2%BFQu%C3%A9%20es%20un%20criptoactivo%3F,procesan%20informaci%C3%B3n%20de%20manera%20descentralizada).

BBVA. (2022). *¿Qué es la inversión?* Obtenido de BBVA: https://www.bbva.com/es/salud-financiera/que-es-la-inversion/

BCH. (17 de Marzo de 2022). *Banco Central de Honduras.* Obtenido de Banco Central de Honduras: https://www.bch.hn/estadisticos/GIE/LIBTipo%20de%20cambio/Precio%20Promedio%20Diario%20del%20D%C3%B3lar%20.pdf

CNI. (6 de Mayo de 2021). *Consejo Nacional de Inversiones.* Obtenido de Consejo Nacional de Inversiones: https://www.cni.hn/la-mipyme-un-sector-clave-para-atraer-la-inversion-privada-a-honduras/#:~:text=La%20MIPYME%20en%20Honduras,cada%2010%20empleos%20en%20Honduras.

Goal. (3 de Mayo de 2021). *Goal.* Obtenido de Goal: https://www.goal.com/es-mx/noticias/cuanto-gana-gamer-profesional-fifa/29bvsefpe6iq17d9idaa51gt5

IBM. (s.f.). *¿Qué es la Tecnología de Blockchain?* Obtenido de IBM: https://www.ibm.com/es-es/topics/what-is-blockchain

RAE. (2022). *Real Academia Española.* Obtenido de Real Academia Española: https://dle.rae.es/ahorro

RAE. (2022). *Real Academia Española.* Obtenido de Real Academia Española: https://dle.rae.es/presupuesto

Salazar López, B. (22 de Marzo de 2017).
ABCFinanzas.com. Obtenido de ABCFinanzas.com:
https://abcfinanzas.com/matematicas-
financieras/valor-del-dinero-en-el-tiempo/

SDE. (10 de Mayo de 2021). *Secretaria de Desarrollo
Economico*. Obtenido de Secretaria de Desarrollo
Economico:
https://sde.gob.hn/2021/05/10/honduras-exporto-
mas-de-54-000-millones-de-lempiras-en-productos-
agroindustriales-y-agricolas-en-
2020/#:~:text=De%20relevancia,camote%2C%20to
mate%20y%20berenjena).

Vanguardia, L. (18 de Enero de 2022). *La Vanguardia*.
Obtenido de La Vanguardia:
https://www.lavanguardia.com/tecnologia/20220118
/7992479/youtubers-mas-dinero-ganan-2021-
mundo-pmv.html

Made in the USA
Middletown, DE
27 September 2022

11316152R00096